大人との
関係の中で育つ自我

1歳児のこころ

Kondo Naoko
近藤直子

ひとなる書房

はじめに

一歳を過ぎるとなんでしゃべり始めるの？
一歳を過ぎるとなんで親の言うとおりにならないの？
一歳を過ぎるとなんでケンカが頻発するの？

スーパーに連れて行くとどこに行ってしまうかわからない。
公園から連れて帰ろうとするとひっくり返って泣きわめいて困ってしまう。
寝かせつけようとしてもじっとしていてくれない。

一歳児は歩き始め、片言をしゃべり始めてとてもかわいいけれど、でも手もかかるし、言うことはきかないし、かわいいだけではすまない姿も出してきます。一歳児のこころの世界はどうなっているのか探検してみませんか？

憎たらしいけどかわいい。そんな一歳児の姿に私はずっと魅せられてきました。

一歳児とのお付き合いが始まったのは大学院に入学した一九七三年でした。大阪の保健所で一八ヵ月児健診後の発達相談を始めるとともに、保育所の一歳児クラスで長時間保育のアルバイトに従事し始めたのが最初です。それから約四〇年。今も一八ヵ月児健診後の発達相談は続けています。

私が一歳児と付き合うようになった直接のきっかけは、ことばを持たない障害児の療育体験でした。日々の療育の中で「どうしてことばがしゃべれないのか?」「どうすればしゃべるようになるのか?」という疑問にいつもぶつかっていました。答えが欲しい……。障害のない一歳児はどのような過程をたどってことばをしゃべるようになるのかを実際に見てみたいという思いが、保育所の一歳児との付き合いにつながり、障害児との付き合いを続けたいという思いが、一八ヵ月児健診後の発達相談につながったのです。

障害のない一歳児たちとの付き合いでは多くのことを学びました。障害児たちにとってはあんなに難しいことばの獲得が、当たり前のことのようにスイスイと実現していくのです。この前まで「ワンワン」程度しか話せなかった子が、「ワンワン」と「ニャーニャー」の区別がつき、そして「ワンワン　オッキーネー」などと文章で話すようになっていくのです。

ことばを成立させる前提は何か、おとなとの関係や物の操作のあり方の変化などを細かく観察したいと、日本福祉大学に就職するまでの五年間、保育所に通い続けデータをとらせていただきました。就職後は、系統的にデータを採りに行く条件がなくなりましたが、一九八八年に在外研究の機会をいただき、あらためて一歳児を継続的に観察する機会を得ました。

これらのデータは日本福祉大学の研究紀要にまとめましたが、勤務の忙しさにまぎれて、本にしようとは思いつかないままで過ぎてしまいました。

その後は主として、障害乳幼児の療育体制問題にまい進することになり、一歳児の研究はしばらくお留守になっていましたが、大学の後輩にあたる木下孝司さんが二〇〇八年に出版した『乳幼児期における自己と「心の理解」の発達』（ナカニシヤ出版）を読み刺激を受けて、一歳児の発達をまとめておきたいと考えるようになりました。一八ヵ月児健診後の「親子教室」で出会う子どもも、そして何よりもお母さんたちのことも「かわいいなあ」と思うことのできる年齢となり、落ち着きのない子も、かんしゃくのひどい子もみんながステキな可能性を持っていることをお母さんたちに伝えたいと強く思うようになっています。

私が「かわいい」と思えるのは子どもたちのこころを理解する手がかりを経験的に身に

つけているからです。しかしその経験を自分だけのものにしていたのでは、一歳児のこころを理解する手がかりを多くの人に届けることはできません。もうすぐ定年を迎える自分の来し方を振り返り、体験的に身につけてきた手がかりを整理しなおし、次の若い人たちに伝えていくことが、少し長く働いている者の責任なのではと感じ始めています。そんな自分の思いをふまえ、私だけでなく、お母さんやお父さん、そして若い保育士の皆さんにも、一歳児のかわいらしさを実感してほしいと思い、副学長としての忙しい日々の中でまとめてみました。肺ガンで亡くなった夫の年齢を越える日が近づいています。「書きたいことがあれば、書けるときに書いておかないといけないなぁ」とつくづく感じています。

今までに発達相談で出会った八千名を越える一歳児とそのお母さんたち、そして私に一年間付き合ってデータを提供してくれた一二名の一歳児たち。さらには母親にデータを提供してくれた幼き日の息子・暁夫にこころから感謝しています。

皆さん方の、お役に立てば嬉しいです。

もくじ

第4章　一八ヵ月児健診で大切なこと　93

第１章

一歳児の発達

花開く“人間らしい能力”

なぜ一歳児の発達を問題にするの？

「一歳半のフシ」ということばをご存知ですか？　私が障害のある子どもたちと出会った頃は、障害のある子どもが大きくつまずく節目として一歳半の時期が注目されていました。ことばを話せずフラフラと動き回っているように見える、いわゆる〝動き回る重症児〟と呼ばれる子どもたちは「一歳半のフシ」を乗り越えることが課題の子どもだと言われていました。「一歳半のフシを豊かに乗り越える」ことが障害児教育の課題となり、保育の世界においても九〇年代までは、「一歳半のフシ」ということばがよく語られていました。

乳幼児健診において「一八ヵ月児」が健診の時期として位置づけられているのも、発達障害のある子どもたちがこの時期につまずきやすく問題を起こしやすいためです。乳幼児の療育においては、現在もこの「一歳半のフシ」を乗り越えることが課題となっています。

しかし保育分野では、以前ほど「一歳半のフシ」が語られなくなっているようです。私が「一歳半のフシ」を重視しているのは、直立二足歩行・道具の使用・ことばによるコミユニケーションという「人間らしい力」がこの時期に獲得されるだけでなく、その後の「こころの発達」を支えるイメージの世界（表象世界）や自我が成立してくる時期であること、そして「しつけ」が始まり親子関係の葛藤が始まる時期だからです。一歳という時期は本人にとっては記憶に残らない時期ではあるものの、「しつけ」を通して、生活リズムや親子のコミュニケーションの基本ができてくる時期であるだけに、その後の子どもたちの発達に大きな意味を持つと言えるでしょう。障害児がなぜつまずくのか、この時期の発達に秘められたドラマに目を向けてみませんか？

1　花開く一歳児

一歳を過ぎると、それまでためていた力を出しきるかのようにして子どもは次々と新しいことをし始め、以下に述べるように、一年間の間にいわゆる「一歳半のフシ」を乗り越えて行きます。

1）アンヨはじょうず——歩行の獲得と世界の広がり

一歳を過ぎると、どの親も「早く歩き始めてくれないかなぁ」と期待するものです。歩き始めるということは、一歳児のこころの世界にとってどのような意味を持つのでしょうか。

歩くことができるということは、それまでとは違って外に出る機会が飛躍的に広がるということを意味しています。〝歩く〟というおとなと同質の移動が可能になることで、子どもはおとなの生活に〝仲間入り〟をさせてもらえるのです。公園やコンビニ、保育所への道のりを自分の足で歩いて確かめる機会が出てきます。公園内で、ツツジの花や散歩中の犬や近所の子どもに自分から近づくことも、蟻や蝶を追いかけることも、ブランコや滑り台に乗りに行くことも自由です。見つけた物を保育者に「アッアッ」と指差して伝えたり、自分でつかみ取ったりできるのです。おとなが与えた〝限られた空間〟だけでなく、自分で世界を広げ、世界の中からいっぱい新しい発見をするのです。自分の足元の影も空の月や星も、歩いている自分から見るとみな新鮮に映る一歳児。指差し、発声がほとばしります。

見ていることの多かった年上の子どもたちのあそびにも、自分から歩いて参加し始めます。「ダメ」と言われたり、おもちゃをとられたりして泣いて戻ってきても、しばらくするとまたかかわりを求めていく一歳児。

歩く力が発達するということは、自らが行くことのできる世界を広げ、物や人との間に新鮮な出会いを生み出していくことでもあるのです。

「アンヨはじょうず」。おとなが差し出した手をめざして歩く練習をする子ども。そこに大好きなおとながいるからこそ、〝歩こう〟という努力が生まれるのです。ヨチヨチ歩きのころ、手に洗濯バサミが入ったカゴを持たせて、祖父母と父母が「ホラ、こっちへ持ってきて」と手を差し出すと、満面に笑みを浮かべ得意げに洗濯バサミを配って歩いたアキオ。〝歩く〟ことは〝体を運び、物を運び、人間関係を運ぶ〟ことだということが実感されました。

歩き始めるとしばらくは歩くことそのものがうれしくてウロウロ歩くのですが、ウロウロ歩きの中で、本当はいろいろな発見を一杯しているのです。発見を共有し、感動を伝え合うかかわりを求めている子どもたち。

一歳後半になると、歩きたがらず「ダッコ」と甘える姿や、スーパーで走ってしまう姿が目立ち始めますが、それは発見と共感を潜在的に求めているのにもかかわらず、物や人間関係を運ぶ条件が不足していることを示しています。おとなが「マテマテ～」と追いかけたり、電柱のかげにかくれたりして、道行にあそびを取り入れることで歩く意欲は高まります。買い物用の小さいカゴを持たせると走ることをセーブできるのも、物を運ぶことで関係が結びやすくなるからです。保育園の散歩で子どもたちは棒切れや石ころを拾いたがりますが、それは発見した物を運ぶことで人間関係も運ぶことができるからです。ただ歩くのではない目的を子どもが求めている証です。

そして、おとなのことばで目的地を思い浮かべ期待を持って歩けるようになる二歳児では、長い距離でも歩けるようになりますが、その場合でも人間関係を運ぶ手がかりとなる物があったほうが頑張りは持続しやすいのです。歩くことでこころの世界が広がり、こころの世界が広がるから歩くことが楽しい、そんな豊かな歩行を大切にしたいものです。

(2) おかあさんのオハシ、おもしろそう――道具を使いこなすことと世界の広がり

食事中に母親の使っているハシに手を出してくる、掃除機をかけるとホースを引っ張る、テレビのリモコンや携帯電話を取りにくる。一歳を過ぎるとこんな姿をよく見かけます。〝マネし屋さん〟の一歳児。「そろそろしつけを始めなくては」と考える母親が増えるのも、子どもが手を出す対象がガスコンロのスイッチや包丁などとぐんと広がり、危険と隣り合わせの時期だからです。「本当にしてほしいことはちっともしないのに、いらないことばかり覚えて……」という母親の声が聞こえてきそうです。

一歳を過ぎると子どもは、自分のまわりの物、特におとなが使っている物に強い関心を示し、自分もマネして使ってみようとするようになります。

ゼロ歳時代すでに子どもは、物にはそれぞれ違った使い方があることを発見しています。一一ヵ月頃には積み木は積む、コップは飲む、ボールペンは紙に叩きつける、物と行為が結びついてきています。ところがこうした物と行為の結びつきは、おとながいて相手をしているときに発揮される結びつきで、一人にしておくと子どもは、どんな物でもしゃぶる、叩く、振る、放るなど同じようなパターンであそんでしまいます。こうした物と行為の結

びつきが飛躍的に広がるのが一歳児の時期で、一歳後半では道具が使えるようになり、おとながいなくても物に沿った使い方をするようになります。道具を使えるということは、子どものこころの世界にとってどのような意味を持つのでしょうか。

おとなが使っている道具に子どもが関心を持つのはなぜでしょうか。おとながいて相手をしてくれるから物と行為の結びつきがわかるということ以上に、子どもは自分の行為に共感し物をより魅力的に使いこなすおとなに魅力を感じています。道具やおもちゃを通しておとなとかかわれるから、おとなと一緒だと物が多様に変化し新たな発見や驚きが一杯あるから、おとなが使っている物にこころを向けていくのです。子どもが関心を向ける物がおもちゃよりも生活用品や生活道具なのは、おとなが自在にかかわり変化させているのが、おもちゃではなく生活用品や生活道具だからです。物の魅力よりもおとなのつくり出す変化に魅力を感じ、自分がつくり出した変化をおとなが共感し受け止めてくれるから物にさらに手を出してくるのです。

子どもはおとなと共に物を使う中で、身の回りに存在する物の中に道具として使う物と使われる素材とがあること*、道具と物との関係を発見していきます。どの家庭にもある水も、道具によって多様な変化を見せてくれます。コップの中ではこぼれない、ホースの先を押さえると勢いよく飛んでいく、ジョロを通せば幾筋にもなってこぼれ落ち、道具によって姿を変えるのです。冷たい感触、太陽を反射するきらめき、水という素材の魅力以上に、その水の可能性を広げる道具の魅力にはまっていくのです。一歳半前後には子どもは道具の魅力にはまり、おとながすることをよく観察し、おとなと同じように道具を使いおとなと同じような変化（道具を使う目的）を生み出すことを目的として、さまざまな道具に挑戦します。そして二歳過ぎれば、積み木も「高く積む」「きれいに積む」、などと目的が多様性を持つようになります。物と物の関係、使い道、さらには形や大きさといった物の使い道以外の特性にまで好奇心は向けられていきます。「コレハ　ナント　イウノ？」「コレハ　ドウ　スルノ？」「コレ　オンナジダネ」とまわりの世界を確かめ、賢さに磨きをかけていきます。

おとなは子どもと共に道具を使うときには、自分の行為を「えんとつができた」「おいしいコーヒーだよ」と意味づけ、子どもの行為を「高いねぇ」「オイシー」などと共感し意味づけます。子どもは道具を用いる目的だけでなく、おとなに受け止めてもらえた実感をもとに、おとながイメージしている世界を取り入れあそびの目的としていきます。目的どおりに行かないとき子どもは何度もやりなおし、それでもダメなら「オカーチャン、ヤッテ」と助けを求めてきます。うまくできたらおとなに伝えたいし受け止めてもらいたい、うまくできないときは助けてくれるおとながいる、だからつくる指先に力がこもるのが二

＊たとえば、スコップ（＝道具）と砂（＝使われる素材）。

歳児です。

予防注射をしてきたその夜、鉛筆を母親の腕に「チクッ」と刺し「チューシャ　イタイ」とあそぶアキオ。痛かった思いを注射器に似た道具を使ってあそびの中で表現する姿に、形の似た物を探し出し使いこなす賢さや、見立てるイメージの力を見るだけでなく、共感を求めるこころを汲み取ることのできる私たちでありたいと強く思いました。

3）「ホラ、ワンワンよ」——ことばの獲得とコミュニケーションの広がり

赤ちゃん時代に、タカイタカイやマテマテあそび、カーテンを用いたかくれあそびなどでいっぱい楽しく笑い声を出してきた子どもは、一歳を過ぎると、あそびの中で一人しゃべりをするとともに、「マンマ」「ブーブ」といった簡単なことばをまねし始めます。子どもが最初に真似して発音するのは、「マンマ」のM、「ブーブ」のBのように発音しやすい音から始まる単語と、自分の気持ちにぴったりする「ヤッター」「カンパーイ」のような情動語です。自分に合うものを取り入れるのです。ことあるごとに「ヨイショ」と掛け声をかける私をまねて、アキオが初めて発したのは「オイッショ」。「そんなに言ってたかしら？」と思わず省みてしまいました。

この時期、ことばは親の大きな関心事です。ことばの増え方が発達の順調さのメルクマ

ール（指標）として理解されているからです。しかし大切なのはことばを話すことよりもおとなとの関係の中でことばを生かしていることのほうです。ことばはコミュニケーションの手段ですから、相互に伝え合えているという関係が重要だからです。子どもは一歳が近づくと、散歩の途中でした発見を指差しや「アッ　アッ」と発声で伝えてきます。「お花　きれいねー」と答えると「ネー」と応じてきます。会話が成り立っているように感じられます。おもちゃを使ってあそんでいるときも、積み木を積むと「アッ」と声を出し、おとなが「高いねぇ」とほめるとまた積もうとエネルギーを高めます。しっかりしたことばになっていなくても、伝え合おうという関係の中でことばを発していることが大切なのです。自然やおもちゃに意欲的に働きかけ、発見や感動をおとなと共感してきた子どもは、自分の思いを伝えるためにことばを使います。おとなのことばが自分の思いをあらわしてくれていることがわかると、子どもはおとなのことばに耳を傾けていきます。

おとなのことばに耳を傾ける姿勢は一一ヵ月頃には成立しています。子どもは毎日繰り返されているおとなの行動については、次を予測するようになっています。先生が部屋を出た後に給食を運ぶワゴンの音がすれば、もうすぐ給食です。手洗い場にはっていかなくてはというように、子どもたちは移動し始めます。給食が来るという予測と保育士の「ご飯だからね」ということばが結びつき、子どもたちはことばの意味を理解していきます。

しかし一歳前半では、子どもの「指示理解」は断片的ですし主観的です。「お散歩に行くからクツを取ってきてね」という保育士の指示に、「クツ　クツ」とクツ箱へは行きますが、クツを見つけたことで満足し、クツをトイレに持っていったり、みんなのクツを次々と出してあそんでしまったりします。一歳後半になると、「散歩に行くからクツを取ってきてね」という指示に、自分のクツだけを取り出しさらには自分でクツをはこうと挑戦までします。おとなのことばの印象的な部分に反応していた一歳前半とは違って、おとなが求めている一連の行動の流れを再現できるのです。

ことばでコミュニケーションできるということは、自分の思いをことばで伝えるだけでなく、おとながことばにして求めている行動の流れを理解できるということなのです。ことばでのやりとりが進むと、道具を使うときも目的を持って使いこなすようになり、二歳児では、あそびの中でも「ジドーシャデスヨ　シンゴーデス　トマッタヨ」などと自分の行為の流れをことばであらわすようになります。さらにはママゴトの中で「オイシイデスヨ」「アリガトウ」などとおとなと自分の一人二役を演じることも増えてきます。おとなのことばにより行動の流れを思い浮かべられると、あそびもイメージに支えられた流れのあるものへと発展していきます。昨日動物園へ行ったことがすぐに翌日のあそびに反映し、大型積み木が動物園行きのバスに変身し、お客さんが目白押しになって乗車してくることになります。

おとなの求めていること（意図）を理解することで、「手を洗って」「オシッコに行くよ」といった生活にかかわるおとなの指示や、仲間の「カシテ」「ジュンバン」ということばに応える姿勢が形成されるのです。もちろん素直に指示に従うよりは「イヤ」「ダメ」といった否定のほうが多いのですが、「(言われていることの意味が) わからないからいや」という一歳前半とは異なる、「わかってはいるけれどいや」という否定のあり方に変わるのです。

「魔の二歳児」と呼ばれる所以ですが、こうして自分の意図を持ち自己を主張する自我が成立してくるのです。体を運び物を運び人間関係を運ぶ歩行を獲得し、世界を物との新たな出会いの中で広げ、おとなと発見を共感し合うことで、子どもたちは目的を持った歩行と道具の使い方を獲得し、おとなのことばに込めた思い (意図) を理解し、自分のかけがえのないイメージの世界を築いていくのです。こうしたことを私たちは「一歳半のフシを乗り越える」とあらわしています。

2　やりにくい一歳児

1）「パンツはきなさい！」「イヤッ！」

一歳代に花開く世界は、歩く、道具を使う、ことばでコミュニケーションをはかる、といった新しいことができるようになることだけでなく、飛行機や花を見つけ、発見した〝世界の中の変化〟を受け止め、その感動をおとなと共有し、変化の意味を理解しようとするこころ、何かをつくり出そうとイメージを持ち行動するこころが育ってくることなのです。感動を伝えたい自分、好奇心を持ってまわりの世界にはたらきかけていく自分、イメージをふくらませ行動する自分をこころの中に育んでいくことなのです。私たちはこうしたことを〝自我の育ち〟と呼んでいます。一歳後半から二歳前半にかけて、こうした自我の育ちを生活の中で強く感じさせられます。

「パンツはきなさい」「イヤ」。母親に反発する姿に自我の姿を読み取ることができます。母親の言っていることはわかるけれどいやなのです。裸のほうが気持ちいいからパンツをはきたくないということもあるのですが、母親の意図の押し付けがいやだというのが本当のところかもしれません。だから「どっちのパンツにする？」と出方を変えられるとつい「コッチ」などと乗せられてしまうのです。保育園でたくさんのお友達がいるとすんなりとパンツをはくのに、母親だと言うことをきかないのは、意図を持って迫ってくる感じがいやだからではないでしょうか。相手が意図を持って迫ると自分の意図を強く感じてしまうのでしょう。

食事も、一対一で母親と食べるときよりも、友達と一緒のときのほうが進むのは、楽しい雰囲気や仲間の存在はもちろんですが、母親の迫り方が緩むからではないでしょうか。時にはぬいぐるみと一緒に食卓を囲むのも、食欲を増す上ではいいかもしれません。苦手な食べ物も、一歳前半では食べるのがイヤと泣きわめきますが、一歳半を過ぎると「イヤコッチガイイ」と、おとなの働きかけを受け止めた上でのイヤに発展します。イヤが前面に出ないように、嫌いな物は「食べたらめっけもの」くらいの軽い気持ちで臨むほうが、しつこい偏食にならなくて済むようです。

夜泣きや寝つきの問題も、「寝させねば」と力が入っているとちっとも寝ないのに、母親がうたた寝してしまったら子どもも寝ていたというのも「迫り感」が少ないからでしょう。夜泣きに付き合って疲れきっていた母親に、「子どもが元気なら寝なくても子どもは死なないから。お母さんがしんどいのだったら一時保育を利用して、ゆっくり寝たほうがいいよ」とアドバイスしたところ、「死なないのだし」という母親の気持ちのゆとりが反映しその日から寝てくれるようになったりするのです。あなたの思いが私に跳ね返る、あなたの意図をぐって自分の意図が強く自覚されるのが、この時期の自我の姿なのです。

あそんでいるおもちゃを取られそうになるとガブリと噛み付くのも、相手の意図を感じる力があるからです。とられる前に噛み付くのですから。一方で、相手が何かする前に先手必勝とばかりに、しがみつきハグしてしまう子もいます。相手の気持ちはまったく無視して自分の意図が先走っています。こうした保育園の一歳児クラスの姿に親は不安になるのですが、子どもたちの意図が重なり共感が広がる場面では、子どもたちのトラブルは少なく、トラブルは生活の区切りなど、一人ひとりの意図がばらばらになりやすい場面で発生しやすいのです。次に何をするのか行動指針がはっきりしていない場面では不安になって指を吸ったり、イライラして近づいてきた子に「何をするんだ」とばかりに噛み付いたりするのです。叱る前に、生活の見通しを保障できているか、不安になったときのためのお守りになる支えがあるかといったことを吟味したいものです。

自我が育つこの時期には、一人ひとりの好みがはっきりし、〝その子らしさ〟が目立ってきます。自分なりのイメージや思いが成立してきたから、その子らしさも目立ってくるのです。一人ひとりが、その子らしいありようで、実現したい思い、表現したい何かを豊かにふくらませていけるように、自己の可能性を豊かに展開していけるように、長い見通しで着実に力をつけてあげたいものです。

(2) 他の誰でもない〝ジブン〟

自分なりにイメージを持って行動し始めると、行動の主体としての自分自身にも関心が向き始めます。おへそやおちんちんをしきりとさわる一歳児。名前が特別な意味を持ち始め、保育園の出席の際に他児の名前がわかってきた子が一時期、自分の名前を呼ばれると下を向いて恥ずかしがる姿を目にします。他でもない自分の名前。しばらくすると喜んで「ハイ」と返事を返すようになるのですが、名前がわかるということは知的な発達の成果であるというだけではない何かを秘めています。

自分がわかるということは、自分には見えにくい鼻や耳や目という体の部位を、自分の中に位置づけられるということでもあります。また鏡の像やビデオ、写真などの中の自分を「アキちゃん」として理解することでもあります。他の誰でもない、ある特徴を継続して持っているひとまとまりの顔と体を持った存在が自分なのです。

いずれもおとなが呼ぶ「アキちゃん」という名前と自分を結びつけるため、アキちゃんに向けて語られる「二歳で男の子」というような、おとなが貼ったレッテルで自分を認識していきます。おとなをくぐって自分を認識していくわけです。おとなをくぐって自分を認識するということは、おとながいないと自分は確定できにくいということを意味します。だから一人にされると不安で何をしてよいかわからず、泣きわめいたり、指をしゃぶったりしてあそべなくなるのです。そしておとなが「アキちゃんのだよ」と位置づけた物を自分の分身として支えにします。そんな大切な自分のパンツにさわらないで、自分のイスに座らないで、という思いが「アキちゃんの！」という主張にあふれ出るのです。自分を支える何か、それは空間においてはイスのような自分の位置を決める場ですし、場面においては自分の行動を決める物なのです。一、二歳児がイスに座らせたほうが落ち着くのも、手に何かを持たせたほうが落ちつくのも、自分の座を確保できるからです。何をするのかを見通せるようになるまでは、子どもたちには何らかの支えが必要になるのです。

　こうして自己認識が進んでいくのですが、名前を呼ばれたときも鏡の像を見せられたときも一歳半頃には、子どもがわざと目をそらす姿が観察され、そこに自分感覚*というような感情の揺らぎや、おとなが自分に向かって何かを期待していることを感じる揺れを想定できるのです。自己認識の発達は知的な発達だけでなく、イメージや感情の発達に支えられた複雑な過程を辿ることが予測されるのです。

３）仲間がいることで広がる世界

おとなのしていることを取り入れていくこの時期、おとなと取り組んで楽しかったこと、意味を感じたことがイメージとして取り込まれていきます。しかしイメージは「何か」をきっかけにして思い起こすという水準にあり、自分だけでは思い起こしきれません。生活の区切りでごねるのも、意図を持ちたいのに持てないイライラの反映でしょう。おとなの支えや物などの手掛かりがあって意図を持ちうるため、自分の座を確保することが重要になるのです。

そんな一歳児たちですが、保育所などの集団生活においては、自分の座が保障されれば仲間と共に生活を大きく広げていきます。〈おとな対子ども〉という関係よりも、〈おとな対子どもたち〉という関係のほうが、おとなの意図を抵抗なく受け止めていくように見えますが、それはなぜでしょうか。

一歳児にとっては二歳を過ぎた仲間の存在は、ブロックであそぶ、片付ける、「朝の会」をする、散歩に行くなど、次に「何をするのか」を想起させるモデルとなり、「して

＊「どうも自分のことらしいなぁ」と思うようなあいまいな感覚。

みたい」という意図を生み出していきます。散歩などの楽しい活動の中では、ガレージに隠れる、マンホールの穴に石ころを落とすなど仲間がしたことが、新鮮な発見につながるだけでなく「イッショだねぇ」という共感を生み出し、二歳過ぎれば大型積み木をバスに見たてて子どもたちが並んで乗り、楽しさの輪が大きく広がります。おとなのことばや行動に込められた意図が、自分に迫りくるものとしてではなく、〝開かれた〟広がりのあるものとして取り入れられるのです。

この時期の「イッショだねぇ」という共感の広がりは、「もっとしたい」という子どもの意図を豊かに発展させるだけでなく、「貸してあげる」「分けてあげる」といった、仲間の思いに気持ちを寄せる姿につながっていきます。

仲間の存在が一歳児のこころの支えとなりイメージを広げ、そしてイメージを重ね合わせ共感が広がることであそびの輪が広がり、仲間を「大好き」になっていくのです。育児休業の広がりもあって、おとなとの関係だけに陥りがちな一歳児ですが、日々の生活を通して「タノシカッタねぇ」とこころを合わせ共感し合える体験を積み重ねていく仲間との生活が、どの一歳児にも保障されてほしいものです。

3　甘えん坊の一歳児――〝甘え〟の持つ積極的な意味

「イヤ」と自己を主張する一方で、仲間との共感を広げてもいく一歳児ですが、自己主張が目立つ前には実はとても甘えん坊の時期があるのです。保育所の一歳児クラス。産休明けから保育所に通っていた子どもたちが、一歳前後になるとどの子も、朝、親と別れるときにひどく後追いをするようになるのです。泣き方の激しさや、後追いが続く期間には個人差がありますが、一歳から一歳四ヵ月ぐらいまでの間に、どの子も少なからず後追いをするのです。母親の顔はもっと前からわかっているのにどうしてこの時期にひどい後追いが見られるのでしょうか。

親と別れるときだけでなく、保育場面でも甘えが頻繁に見られます。午睡の前後に保育士のひざに甘えて乗ってくる、夕方になりクラスのお友達が一人二人と帰り始めると、べったりと甘えてくるといった姿は、乳児保育を担当した保育士ならよくご存知のことでしょう。家庭でも、トイレに行く母親のあとを泣いて追って来るため、トイレの戸を開けたままで用を足したお母さんも多いのではないでしょうか。まわりの世界に目を向け世界を広げていくこの時期、生活の変化やおとなの行動の変化に敏感になってきているから不安になるのでしょう。

　生活の区切りで不安になりおとなに甘えることで乗り切っていくだけでなく、この時期はさまざまな課題に取り組む際に、おとなに〝引きつけられる〟ように見える反応が強まるのです。たとえば新版Ｋ式発達検査の「ハメ板回転」では、基盤の円孔に円板を入れることができた一歳児に対して基盤を目の前で一八〇度回転させて見せると、一歳二ヵ月から一歳四ヵ月の間に、ほとんどの子どもは、私というおとなを見る、私が動かしている基盤に手を出すなど、自分が操作すべき円板よりも私に引きつけられた反応を示すのです。そして一歳半までには、おとなのしていることをよく見て、課題の目的に添って行動することができるようになるのです。

　同じ頃に、積み木であそんでいる子どもに「ちょうだい」と声をかけると、ほぼ九〇％に近い割合で、どの子も積み木を差し出してくれるのです(1)。もう少し前では、無視したり「イヤ」と言ったり、差し出したりと、そのときの気分で反応していたのが、この時期には誰もがほとんど差し出し、その後一歳五ヵ

新版Ｋ式発達検査「ハメ板回転」

月を過ぎると、どんなときにも「イヤ」という子（女児に多い）と、大体いつも差し出す子（男児に多い）の二つのタイプに別れていくのです。

自分の意志というよりは、おとなに引きつけられて自分の使っている物を差し出してしまい、その後にやっと自己主張がなされるようになるわけです。

日常生活において甘えが目立つ時期に、物を用いた課題においてもおとなに引きつけられるような反応が目立つということは、この時期の発達において、おとなに気持ちを向けおとなを支えにすることが発達上不可欠であることを示しているのではないでしょうか。

歩くときもおとなに向かって歩くことが、物を使うときもおとなの使っている物に気持ちを向けることが、そして行動の目標が成立し目標をことばで伝えるためにも、おとなとの関係を深めることが求められているのでしょう。飛行機の飛ぶ音が聞こえる、おもちゃを片付け始めるといった世界の変化を不安としてではなく感動として受け止めるために、子どもは不安をおとなと共に乗り越え、おとなの行為を取り入れていくのではないでしょうか。子どもの不安な気持ちを受け止めつつ、変化を感動として共感しうるために、子どもが受け止めうるより魅力的な活動を提供できるおとなでありたいものです。

自閉症と診断された二歳児が母親を後追いするようになると、療育を担当している保育士は「変わる」ことを確信します。ふらふらしていた二歳児がおもちゃであそび、おとなのことばに反応しみんなと片づけをし出すと、気持ちのつながりを感じ始めます。〝愛着〟ということばで表現されるおとなと子どもの関係が、特に重要な意味を持つということを保育士は肌で感じているのです。

後追いはうっとうしいし、少し子どもと距離が取れ出したら今度は「イヤ」が増えて、またイライラするという母親が多い時期です。ゆとりを持てるためには、この時期の親子関係の大切さを伝えるだけでなく、親子でのんびりと過ごすことのできる場が必要です。子育て広場や子育てサロン、保健センターの「親子教室」の目的は何と言っても「子育て支援」だということを肝に銘じたいものです。

【註】

（1）近藤直子、一九八二、「乳児期から幼児期への移行過程の研究〔I〕」「日本福祉大学紀要」五一号、四五頁。

本章は「一歳半のフシを豊かにのりこえるために」『みんなのねがい』一九八四年七月号から一二月号までの連載に、その後の研究成果を盛り込んで修正したものです。

第2章

一歳児の発達を可能にするもの

乳児期に形成される共感性

1　乳児期後半（六ヵ月〜一二ヵ月）のコミュニケーションの発展
——三項関係が成立する過程

一歳を過ぎた頃から、子どもたちは母親への愛着を強め盛んに後追いしますが、母親がいる場面では、おもちゃを拾っては見せに来る、積み木を積んでは拍手をして共感を求めるなどおとなとの関係をふくらませようとします。第1章で触れたように、後追いが強くなる一歳二ヵ月頃から四ヵ月頃には、物を使った課題場面では「ちょうだい」と言われれば素直に積み木を差し出し、おとなが使う物に手を出してきて、おとなに合わせようとおとなに引きつけられるような姿を見せます。

生活の区切りや母親の移動の際に直接甘え母親を頼りにする度合いが強まるだけでなく、物を介しておとなとの関係を結ぼうと奮闘しているようにさえ見えます。母親との関係の中に物を位置づけることで次の発達を準備しようとしているのかもしれません。物（第三者）を介しておとな（第二者）と関係を結ぶことを三項関係と呼びますが、一歳児の発達はこの三項関係を自ら結ぶ力によって支えられているのではないでしょうか。そのことは第3章で詳しく検討することにして、ここでは三項関係が乳児期にどのように成立してくるのかをアキオの姿から考えてみましょう。

物との関係の中でのコミュニケーションの芽は、九～一〇ヵ月頃に生まれてきます。はいはいができるようになると子どもは、はっていってそこで見つけた物であそぶようになります。そしてそのうち、目の前にある物だけでなく、遠くにある物にこころを向けそこへはって行くようになります。自分と物の間に〝空間＝間《ま》〟をとらえることができてくるのです。

紐を引っ張っておもちゃの犬を近寄せてあそぶことや、箱の中から積み木を取り出すといった姿も、目の前の物だけでなく、自分と距離がある場合も、間に別の物があった場合も、物との関係が結べるようになっていることを示しています。物と自分の間に「間」を持つことができるから、そこにおとなの働きかけが入る余地が生まれるのです。輪を打ち合わせているアキオをほめると何度も繰り返して見せる、おもちゃを机から落としたので「コラッ」と叱るとニッコリするなど、物への行為とおとなの反応を結び付け始めている姿が見てとれます。

一〇ヵ月頃には缶から次々と積み木を取り出し空になるとおとなの顔を見るなど、物が置かれた状況が変化するとハッと動作を止めて、おとなの反応を待つような姿が見られ始めます。おとなが「カラッポだねぇ」と意味づけることで、物を介したやりとりが成立します。さらには、あそんでいる最中におとなの顔を見て手を挙げ、「上手だねぇ」とほめるとまたあそぶなど、子どもが自分から物との関係を区切りおとなと関係を結ぶようになっていきます。三項関係を子どもが主導し始めるのです。

一一ヵ月頃になると、物との関係におけるおとなの行為に対して「それはイヤだ」というような反応も見られてきます。紙をうまく破ることができないでいるアキオに対して、父が破いてやろうと手を出すと首を振って紙を放り出してしまい拒否するのです。その後、缶をバチで叩く、缶にお手玉を入れる、ヤカンにフタをするなど、おとながしている操作をまねするようになり、物に見合った操作が可能になっていくのです。

物との関係の中におとなを位置づけていくことに平行して、九ヵ月頃から子どもは盛んに身振りを模倣し、おとなが子どもの行為に対して行う身振りの意味づけを理解する土台を形成していきますし、おとなとの関係の中に物を位置づけてもいきます。九ヵ月頃には親が指差した先にある絵を見つける一方、母親の動きをじっと見ていて母親がコートを着ると悲しげな顔をするなど、アキオは物の意味を親子関係の中で位置づけ始めました。一一ヵ月には「ちょうだい」と言われて首を振って拒否するようになり、身振りを意味あるものとして自ら使うようになっています。

物との関係の中におとなが、おとなとの関係の中に物が位置づき、物の変化やおとなの行為の意味が、身振りであらわされるようなあり方で共有され始めるのです。しかしその意味の共有はまだ断片的なものです。「散歩に行くからクツ取ってきてね」という指示にクツを見つけて満足してしまう一歳前半と同様に、おとなの行為に含まれた目標を理解するまでにはいたりません。しかし、「カラッポ」「ジョウズ」といった意味をおとなの身振りとともに受け止め始めたということは、おとなの行為の意味を理解し、目標をイメージし実現する自分を築いていく第一歩を踏み出したということなのです。

2　三項関係に弱さを持つ子どもたち――関係を形成するために

私が一八ヵ月児健診後の「親子教室」で出会う子どもたちの多くは、三項関係に何らかの弱さを持っています。どういう弱さを持っているのでしょうか。

1）人にも物にも関心が弱い子どもたち

積み木は積めるしおもちゃでもあそべる潜在的な能力はあるけれど、指差しはほとんど見られず室内をふらふら歩き室外への脱走を試みるという子どもは、母親も子育てに疲れています。歩く力だけが一人歩きしてこころの通い合いを感じにくいからです。親子あそびにはほとんど参加できませんし、ダッコを基本にして振り回すといった大きな刺激でしか喜ばないので母親は疲れきってしまいます。なるべく早く療育の場に紹介し、子どもが楽しめる活動を見つけてあげたいケースです。二歳頃には「自閉症」という診断がつく子たちですが、最近はこういう子どもを担当することは減っています。一八ヵ月児健診の場で、保健師が直接専門機関に紹介することが増えているためです。

こうした子どもたちの大変さは、身振りも含めて意思表示の手段を持っていないために何を求めているかがわかりにくいこと、歩くことが中心となり、おとなとの関係の中で物を使う機会も少なく、また物をあまり使ってくれないため、おとなが活動に参加しにくくあそびが成立しにくいということにあります。乳児期後半の三項関係にもとづくコミュニケーションが成立しにくい子たちです。

乳児期にはおもちゃを使っていたのですから、潜在的には物を操作する要求を持っているはずです。歩く力がついたことで、歩くという体の変化と、歩くことで生まれる外界の変化に要求の対象が偏ってしまい、物との関係への関心が薄れてしまったということではないでしょうか。階段を好むこと、エレベーターやブラインドに関心があることからも、体の感覚の変化や位置の変化による見え方の変化にこころが奪われているのだということが言えそうです。だとしたら、体の変化を歩行だけではない、もっと幅のあるおとなと共有しやすい物へと広げることが求められる子どもなのではないか、という仮説が成立します。

療育施設や保育所であれば、散歩、プール、ブランコ、トランポリンなど活動の場を広げ遊具を活用して体の感覚を広げながら、おとなの存在が意味を持つように取り組むことができます。山道の散歩ではおとなと手をつなぐ必要も出てきます。プールも最初はおとなに抱いてもらわなければ怖いし、慣れてきたらおとなが水をかけたりホースで飛ばしたりして変化を生み出すことが魅力と感じられる活動です。ブランコやトランポリンは揺すおとながいて楽しめる遊具です。おとながいることで体の感覚がより広がり、楽しさがふくらむことがわかると、「もっとやって」というように手を引っ張る姿が出てきます。

一八ヵ月児健診後の「親子教室」のように、室内という限定された空間で取り組む場合には、体の感覚を広げるために一段と工夫した活動が求められますが、年齢が幼いため変化は早いうちにあらわれてきます。活動の場から逃げようとする子に関心を持たせるためには、教室内の活動の楽しさを実感させることがどうしても必要です。逃げ出そうとしている子どもは立位をとっているため、座ってする親子あそびや手あそびも、寝かせて取り組むシーツブランコなども苦手です。立ったままで、体の変化や見え方の変化を実感しやすい活動として、振り回す、揺する、持ち上げるなど体に直接働きかける活動と、パラバルーン、クス玉割り、紙ふぶきなどの道具や素材を活用した活動があります。道具や素材を活用した活動は、楽しめると座り込んで熱中し自分から参加してくるようになり、仲間との接点も成立しますし、素材に手を伸ばす機会も出てきます。

こうしておとなが提起する活動に参加する機会が増えてくると、おとなとの間に素材を共有する機会も、素材の変化を発見し共感を求める姿も少しずつ見えてきます。かつて楽しんだ乳児期後半期の物とかかわるあそびも復活します。子どもが好むポットン落とし（穴のあいたタッパーのふたに棒やフィルムケースを差し込むあそび）や、牛乳パックから布を引き出すあそびに集中する姿を見ると、母親はホッと一息つくようになります。あそんでくれるおもちゃがあれば、家庭でも一息つけるからです。

こうした子どもの中には、壁を叩く、頭を壁に打ち付けるといった「気になる行動」が見られることもあるのですが、一歳代では、子どもと一緒にリズムよく壁を叩いて見せると、フッと止めておとなを見てくれることが多く、九ヵ月頃の力を持っていることがわかります。体の感覚を介しておとなとの関係や物との関係を広げていけば、三項関係を獲得しうることが見通せる瞬間です。体の感覚の変化にはまり込む前に療育に参加できることを願っています。

2）物には関心があるけれど共感が成立しにくい子どもたち

一八ヵ月児健診においてコミュニケーションの発達に弱さが見られる子どもの中には、ブロックをつなげる、自動車を走らせる、おもちゃのコンロになべをかけてお玉でかきまわすなど、おもちゃも道具もそれなりに使うけれど、一人あそびが中心で、親子あそびが苦手で走り回ってしまったり、離れた場で眺めていたりする子がいます。自分の関心に根ざした「要求や定位の指差し*」はあるけれど、問いに答える「可逆の指差し*」は乏しく、ことばでの指示では動きにくく、スーパーで走り回るなどマイペースでわがままに見えてしまう子どもです。親に共感を求めることが少なく、ことばがあっても一方通行で、関係を結びにくい子どもとも言えます。二歳前半に「療育が必要」と医師から診断される子もいます。

年齢相応に近い物の使い方ができるのに共感が成立しにくいため、物を使う力が空回りしているとも言えそうです。物の使い方にこだわりが出始めている子どももいて、おとながさわると「イヤ」というように逃げ出したり、かんしゃくを起こしたりします。おもちゃの使い方に子どもなりの意図の育ちが感じられます。

共感が成立しにくいとはいえ物を使うことは好きなのですから、物を媒介にしておとなが活動に参加し共感することで、おとなとの関係が発展しうる子どももあります。自由あそびでは子どもの好きなおもちゃでの活動に寄り添い、同じようにおもちゃを操作していると、共にいることへの抵抗は薄れていきます。子どもが生み出した変化に共感し意味づけることも可能になります。

取り組みでは、紙破り、描画、シール貼り、スタンプ押し、布あそび、ボールプールなど物を媒介にしうる活動を組む中で、集中して取り組むだけでなく、うまくできると親の顔を見るなど、親に共感を求める姿や親子あそびに参加する姿が増えてきます。体を使ったあそびにも親と手をつないで参加します。

物を使える子どもは知的には高いものを有していますが、おとなとの共感関係の育ちが弱いと、物の操作やありようが人間関係から閉ざされやすくなり、ある状態を保持することへのこだわりを形成してしまいます。「これでないとダメ」「こうでないとイヤ」といった硬さは生きにくさにつながります。二歳三ヵ月頃からこだわりは目立ってきます。知的に一歳半のフシを越えた子どもは、目標を持って物とかかわります。物の属性や関係にも注意を向けます。「違う」「イッショ」に敏感になります。こうした時期に、物の形や操作の順序、やり方などの「イッショ」にこだわり「違い」が許せないと、生活がしんどくなります。

共感の成立は、「あなたと一緒」「みんなと一緒」を実感することです。「違い」に敏感であっても、どこかで親や仲間と「イッショだよね」と感じ「わかってもらえる」と信じることで、生活のしんどさを伝えるすべを身につけてほしいものです。共感はもともとは

＊要求の指差し……たとえばジュースが欲しくて指差すこと。定位の指差し……空を飛ぶ飛行機を指差すといった「見つけた物」を指差すこと。可逆の指差し……応答の指差しとも呼ばれる。「ワンワンどれ？」などの問いに対して指差しで応えること。要求の指差しも定位の指差しも「ジブン」の思いの表現だが、可逆の指差しは相手の思いに応えるもの。相手との関係でやりとり（可逆的関係）が成立していることを示す。

身体感覚の共有が生み出すものですが、身体感覚が少し人と違っていると共感の成立が弱くなり、どう感じどう反応するか予測しにくいおとなよりも、変わらぬ物のほうが安心してかかわれる世界となったのかもしれません。親子あそびを嫌うのも、一緒に動いて楽しいという感じよりは、親に身体を拘束される感じのほうが強いことをあらわしているのでしょう。何をするのかの見通しがつき、いやではないという感じ方を体験すると、少しずつ参加するようになってきます。ブランコやプール、そりすべりなど、親と共に家族で楽しめる身体活動の追及も必要でしょう。

乳児期の共感の育ちに弱さを抱えていても、三歳までに知的な面で「一歳半のフシ」を越えていれば、療育や保育を通して言語も発達し活動の幅も広がります。乳児期の共感の育ちの弱さを、早い時期からカバーする取り組みが求められています。一八ヵ月児健診後の「親子教室」と、こだわりが目立つようになる二歳三ヵ月までに「療育」の機会を保障することはもちろん、身体感覚の共有を可能にする乳児保育の営みを、すべての乳児に保障する仕組みを考えねばならないと思います。新生児訪問事業や乳児健診が、地域の「赤ちゃんサロン」への架け橋となり、乳児の身体感覚の開発と共感を育成する取り組みが、誰にでもできるあり方で伝達されていくことが求められます。育てにくい子どもと一日中向き合う子育ては、親の共感性を阻害していきます。週に一回、午前中の一定時間だけでも、「親子教室」のように、保育士のリードの下で、同じような子どもたちと活動を共有できるだけで、親のしんどさは軽減されることでしょう。マッサージやくすぐりあそび、ゆるやかな揺さぶりなど、身体感覚を開発する活動を楽しめるようになると子育ての楽しさが拡大します。親のリーダーを育成すれば、自主グループとしての活動も広がっていきます。

乳児期の共感性の発達が幼児期の発達を支えることをふまえた、子育て支援の仕組みを構築したいものです。

【参考文献】

近藤直子、一九八九、「自我の発生過程の検討（一）—A児の成長過程の分析—」、「日本福祉大学研究紀要」第八〇号・第一分冊、一～三三頁。

近藤直子・全国発達支援通園事業連絡協議会編、二〇一〇、『笑顔が広がる子育てと療育』、クリエイツかもがわ。

松田千都、二〇〇九、「一歳半頃までの乳児期後半」、白石正久・白石恵理子編『教育と保育のための発達診断』、全障研出版部、四七～六五頁。

第3章

一歳児の自我研究

こころをていねいに見つめる

1「やりにくい一歳児」と言われるけれど

1）一歳前半期の「つもり」（意図）の発達

だだをこねたり、「イヤ」と歯向かったり、とかく対応の難しさが目立ってくる一歳児ですが、自我（自分意識）の発達においては、とても重要な時期として位置づいています。自我は、「○○したい」と意図を持って行動する主体としての「わたし」と、他者とは異なるかけがえのない存在としての「わたし」の二つの側面を持っていますが、子どもに明らかな意図が発生するのは、一歳前後と考えられています。

一歳から二歳の自我の発達を研究している木下さんは、ロールパンを一口サイズにちぎって食べさせようとすると首を横に向けて拒否し、丸ごと残っているパンを指差すわが子の姿（一歳と一日目）を、「自分でやりたい」という「つもり」ないしは意図が明示化されるようになってきたと解釈しています。[1] 我が家のアキオが「自分でやりたい」という意図を表現したのは一歳になる前でしたが、紙がうまく破れないので父親が破いてやろうとすると首を振り放り出す姿に本人の意思を感じました。一歳直前には、ティッシュペーパーの受け渡しの際に親がアキオのペースに合わせないと「アカン」と怒るなど、自分のやり方を優先しようとする姿が観察できました。そして一歳前半には自分が指差した物を私が正しく答えないと「アーッ」と怒るようになります。木下さんはこうした姿の中に「他者とは異なる意図を持つ自己の萌芽を見ることができる」と考えています。

しかしこの時期こうした意図は、まだおとなとの間でうまくやりとりしきれていません。給食時にいやなおひたしを保育士に勧められ「イヤーッ」とひっくり返る姿は、子どもの「それはイヤ」という意図をあらわしていても、おとなに自分の意図を伝えるための子どもなりの努力のあとは見られません。また散歩の際に「クツを取ってきて」と言われた保育所の一歳前半児は、クツを靴箱に取りに行きますが、クツを見つけただけで満足しあそび出してしまいます。[2] おとなの意図の半分しか子どもには伝わっていないのです。このように、一歳前半期は、子どもなりの意図は発生していても、おとなには自分とは違うおとななりの意図があるのだということを理解していないということになります。木下さんは「自己と他者は一定分化してきているが、それぞれ一個の独立した主体としてはとらえられていない(3)」としています。

2) 一歳後半期の「つもり」(意図) の発達

一歳後半になると、自分と他者は異なる意図を持つ独立した行為の主体だと認識するようになり、自分の要求を他者の意図との対比において見直す作業に向けた一歩を踏み出していきます。自分の意図だけでなく他者の意図にも気持ちが向き、自分の意図をあらわすだけではないおとなとのやりとりが成立してきます。

保育所児が散歩時にクツを取りに行くだけでなく、ちゃんと自分のクツだけを靴箱から取り出し、さらには自分ではこうとする姿から、保育者が「クツ取って来て」ということばで求めている行動を理解していることがわかります。友達が泣いていると「エーンエン」と保育士に知らせに行く、父親を起こしに行った後「トーチャン　ネンネ　ネンネ」と母に教えに来るなど、友達や父親の言動や状態を伝える表現もあらわれてきます。他者にも意図があることを理解しそれを伝えようとするのです。自分の意図ではなく他者の言動を伝えることに意図を持つとも言えるでしょう。

自分の意図とおとなの意図とのずれについても単に「イヤーッ」と泣くのではなく、おまるに座らせると「チャウ　ベンジョ」とトイレに行こうとする、「おかずを食べようね」と言った母に「チャウ　ミカン」と言い、「あとでね」と言う母の提案に「アカン」と言い張るなど、他者の意図との「違い」を意識した対比的な表現を用いるようになります。泣きわめくだけではない自己主張となるため、おとなからすると何をしたいのかはわかりやすくなるのですが、「イヤ」という拒否が多く、かえって対応しにくいと感じることも多いのです。ある意味、おとなの意図がわかるからかえって「イヤ」が明瞭になるとも言えそうです。私はこうした姿を「おとなの意図をくぐって自覚される意図」だと考えています。

こうした「イヤ」「チャウ」が頻発し始めた後に、二歳前後には友達にパンツを貸してあげる、お客さんにミカンを「ハンブンコ」と分け「ドーゾ」と差し出すなど、「イヤ」だけでなく、他者との関係において自分の要求を留保する姿も出てきます。そしてしきりと仲良しの「Tくんとオンナジ」を連発する一方で、自分の要求は「アキチャン　モ　ノリタイ」と自分の要求として表現するようになっていきます。あそびにおいては一人二役的なあそびが見られるなど、自分の中に他者を取り入れてきていることが予測されるようになります。この一人二役は時として「アキチャン　ゴメンナ」と言っては物を放り投げるなど、「オウムガエシ」と言えるような主客転倒表現も生み出します。

このように一歳後半期以降、自分にも他者にも意図があることが理解されてくるのですが、この自他関係はまだ行動レベルの行為主体としての自分と他者の分化であり、自己と他者の関係を表象レベルで理解するのは二歳児の発達課題だと考えられ、木下さんがていねいに研究しています。意図を理解していると言っても、一歳後半児が保育者の意図を理解できるのは、散歩や給食など日々繰り返される日課において予測しうる場面での行動に関してなのです。そして何よりもクツや帽子などの具体的な手がかりがあることで意図の理解は進みます。子どもの「イヤ」も、トイレに行かせようとするおとなの意図を理解することで強まるものの、「トイレに行く人は誰かな?」などとおとなが出方を変えると「ハイ」に転化し、相手次第のところがあるのです。このように状況や「場」において相手の意図を理解し自分の意図を自覚しているため、場を離れたかたちで相手の意図を理解することは一歳児にはできません。そのことをふまえておきたいものです。

この時期の自我の発達をまとめた木下さんの表にアキオの観察結果も加えて、一歳代の自我の発達をまとめ直してみました（**表1**）。自分という意識が発達する過程を見直すときの参考にしてください。

表1　1歳代の自我の発達

	近藤の時期区分（1989）	対人関係の質（近藤 1989）	特徴的行動（○近藤 ★木下）	心の理解（木下 2008）	木下の時期区分（2008）
11〜12カ月	他者の意味ある行動を取り入れようとする意図の芽生え	おとなの見守りの中でおとなの意味ある行動を取り入れる		他者の意図を感知するが自他の相違を理解していない	意図を持つ行為主体としての自他分化
1歳前半	意図の自覚と対象化	おとなの意味ある行動を取り入れることに意味を見つける	他者身体と自己身体の対認知（○）		
	他者の意図をくぐった意図の芽生え	自分の行動がおとなに持つ意味を予測し行動する（いたずら）	かんしゃく（★）		
1歳後半	自己像の対象化	他者の意図をくぐった意図へ。他者も意図を持つことの理解	自己像認知（○★）伝聞的言語表現（○★）	自他の意図や欲求の相違の理解。行為における意図理解	独自の意図を持つ主体としての自他
	自己の要求を他者の意図との対比において対象化し操作する	他者が意図を持つことを理解し、他者の意図との対比で、自分の意図を対象化し操作する	一人二役的あそび（○）自他の意図の対比（★）対比的要求表現（○）		

近藤 1989 p14, 木下 2008 p49 p77

2　一歳児はどのようにして おとなの意図（つもり）を理解していくのか？

ウィング*は自閉症児の診断基準として、ことばによるコミュニケーションの障害、社会性の障害、そしてこだわりに示される想像力の障害の三つを挙げています。そのため障害の発見という目的から一八ヵ月児健診では、ことばを話すことよりも、「新聞持ってきて」などの簡単な指示が理解できるか、「ワンワンはどれ？」「○○ちゃんのお鼻は？」などの問いに指差して答えられるかということが重視されます。自分の要求をどうあらわすかよりも、おとなの要求に対する理解の水準が問われるのです。

一歳児はおとなの意図を理解し始める時期ですから、おとながことばに込めた意味を理解でき、おとなとやりとりしうるかどうかが問題とされるのも当然でしょうが、親からすれば、「そんなに大切なら、どうすればおとなのことば

＊ローナ・ウィング（Lorna Wing, 1928-）イギリスの精神科医。

の意味がわかるようになるのかを教えて」ということになります。おとなのことばの意味（意図）がわかり行動できるようになるためには何が必要なのでしょうか？

そのことを明らかにするために、この一〇年間に若い方たちが一歳児に関してさまざまな課題を実施しています。そうした研究に触発されて、一九七〇年代から八〇年代にかけて実施した私の研究をあらためてまとめなおしてみました。私はアキオも含めた一三人の一歳児に対し毎週同じ課題を実施し、課題への取り組み方の変化の過程を確かめるという研究を行いました。私の研究でも最近の研究でも、子どもが自分と相手の意図を理解していく過程において、一歳二～四ヵ月ころに一つのポイントがあることが示されています。どうもこの時期に子どもはおとなに引きつけられながら、おとなの行動に合わせることでおとなの意図の理解に入っていくようです。それではそのプロセスを詳しく見てみましょう。心理学的な研究結果の紹介です。読みにくいと感じた方は、途中を飛ばして、研究結果をもとに一歳児への取り組みを提起した第3項（84頁～）を参照してください。

1）子どもがおとなの行為をなぞっていく（モデルの取り込み）プロセス

私は一九七五年から三年間をかけて九人の一歳児に毎週同じ課題を一三ヵ月から一九ヵ月までの間実施しました。私が、プラスチックでできた中が見える箱に、二・五立方センチの赤い積み木を八個入れて「ナイナイ」とフタをして見せ、子どもにも同じ物を提示して「○○ちゃんもナイナイしてね」と指示したときの反応の変化を見たのです。

この課題では、「積み木を八個箱に入れる」という行為と、「箱にフタをする」という二つの行為が組み合わされていますが、箱の下底が上底に比して狭く、積み木を八個入れ込むには工夫を要します。箱に積み木を入れることも、箱にフタをすることも、一歳はじめには機能的には可能ですが、「ナイナイする」というおとなのことばが意味するプロセスをモデル通りに再現できるかを見たものです。

図1を見てください。一三ヵ月から一五ヵ月では、二種類の行為のうち一種類だけ、つまり〈「ナイナイ」と箱に積み木を二個入れるが取り出して打ち合わせる〉といった反応（st1）が過半数を占めます（st＝ｓｔａｇｅ、段階の

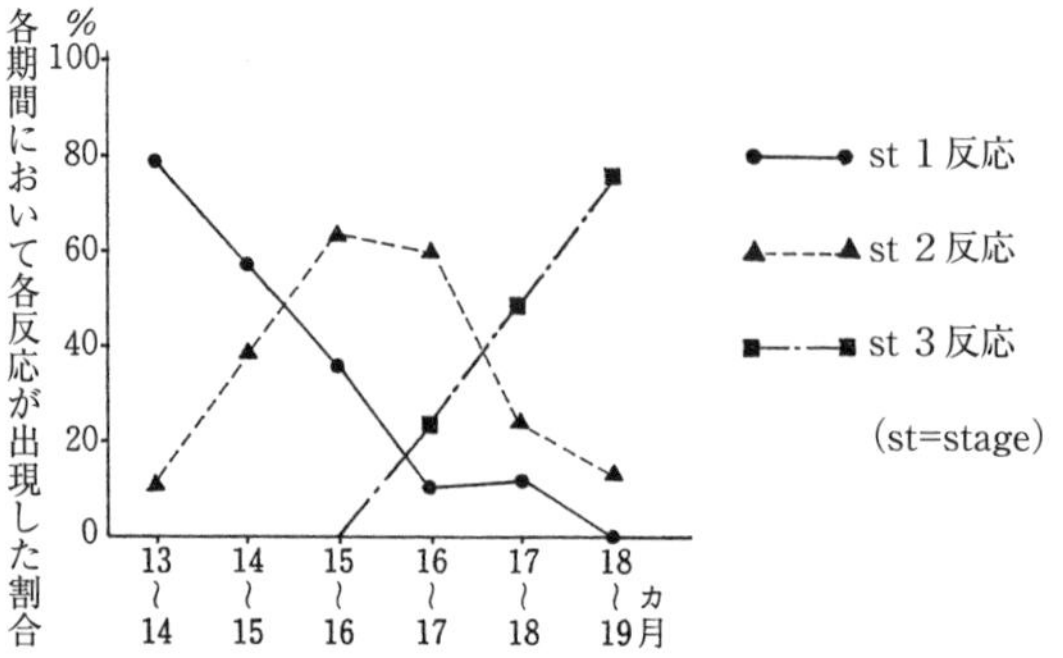

図1　箱入れ課題における反応レベルの変化

こと）。一五ヵ月から一七ヵ月では二種類の行為がなされる（st２）ことが増えます（過半数）が、モデル通りにはできません。〈積み木を一個箱に入れ、フタにも一個入れて出し、箱に一個入れてフタをかぶせ、さらにフタをあけて積み木を全部外に出し、再び積み木を二個入れて「ナイナイ」とフタを押さえつける〉というように、積み木・箱・フタという構成要素はすべて行為対象にしていますが、行為の流れや行為の目標が明瞭ではないことがわかります。

一七ヵ月を過ぎると〈箱に積み木を六個きれいに並べ、フタに積み木を二個入れてそのままかぶせようとするがやめて、二個の積み木を箱に入れなおそうとし、うまく入らないで飛び出す積み木を工夫して押し込み、八個入れた後フタをして上から押さえる〉というようにモデル通りに行為を構成する反応（st３）が過半数を占めるようになります。st３が中心的になる一九ヵ月では〈積み木をきれいに一個ずつ七個まで箱に入れていくが八個目がうまく入らず、八個目の積み木を「アカンチャッタ」と差し出し、箱の中を指差して私を見る。積み木を返すと入れなおすがうまくいかず再度差し出す〉というように、モデルが何を求めているのか、その意図を理解していることが明瞭にわかるようになります。

つまり「クツ取ってきてね」と言われた際にクツを取りには行くが、クツを

15〜17ヵ月

17ヵ月過ぎ

見つけるとクツを取りに来た目的がどこかに消えてあそび出す一歳前半児の姿が、ここではモデルの行為の一部を取り入れるもののモデル通りに目的を再現できない姿としてあらわれてくるのです。

しかし、この課題の遂行の仕方から、モデルの行為を一部再現することからいきなり目的理解に進むのでなく、モデルの使った対象（積み木・箱・フタ）はすべて使い、モデルの入れる・フタをするという行為もすべて行うという過程があって初めて、行為をモデルの行った順に再現し目的にいたるようになるのです。

ちなみに使われる積み木の数は、一四ヵ月までは二個以下のことが過半数を占め、一六ヵ月までは三〜五個が過半数で、一六ヵ月以降には六個以上の使用が過半数を占めています。つまり、前述した一七ヵ月過ぎに見られるように、おとなの行為の取り入れ方が変化する一ヵ月前には使用する積み木の個数が増えているということです。おとなの使った対象を使おうとする志向性が高まり、その後におとなの行為の取り入れの水準が高まるのです。このようにおとなの行為対象を取り入れ、対象への行為というレベルでモデルの行為を再現していく過程から、一歳児の意図理解は「行動レベル」のものだということになるのです。

モデルに働きかける反応（15〜16ヵ月）

19ヵ月（箱には積み木７個）

モデルの意図を理解して取り入れるというよりは、モデルの使った対象を取り入れ、その後対象に対するモデルの行為を取り入れることで結果として、モデルの提起した「ナイナイする」という意味を取り入れ、モデルの意図を理解することになるのです。このモデルの使う対象の取り入れにあたって、一五ヵ月から一六ヵ月の間に興味深い現象が見られます。一人ひとりの反応で見ていくと、九人中七人の子どもで、積み木を箱に入れるという一種類の行為の取り入れ反応（st1）で占められていた時期から、初めて二種類の行為（st2）が開始する直前の週に「モデルに働きかける」反応が見られています。具体的には〈一個ずつ積み木を箱に入れ、三個入れると私を見て、フタを差し出し、さらに積み木も差し出す〉というように、箱と積み木だけでなく、次の週に行為対象とするフタを差し出しているのです。子どもが行為対象を広げる上では、いったんモデルに引き寄せられる必要があると言えそうです。

　子どもが何らかの形でモデルに援助を求めているようにも見えるため、三人の子どもについては、子どもがいったん行為を終えたタイミングで「積み木みんなナイナイしてね」と「みんな」を強調して再教示を行ったところ、予想に反して、この時期では行為レベルではほとんど変化がありませんでした（表2）。ただし、モデルを見る・見て課題を終える（しめくくり）といった反応

表２　箱入れ課題における言語的支え の影響

変化内容／行為時期区分	反応レベルが上がった検査回数			積み木の使用個数が増加した回数		対人反応が新たに出現した回数				
	st 1→2	st 1→3	st 2→3	2個以下→3～5個	3～5個→6個以上	見る	Obのものへ	しめくくり	怒り	協力
Ⅰ（st 1 反応のみ）	1					1		1		
Ⅱ―前半						1		1		
Ⅱ―後半			1	1	2		1	1		
Ⅲ（st 3 反応出現以降）		3	1		4	1			1	1

Ob……観察者

が見られたり、初めてst２反応が出る前の週に「モデルに働きかける」反応が見られなかった二人のうちの一人が、st２反応が初めて出た回に再教示後積み木をモデルに差し出すなど、モデルへの反応を誘発する可能性は感じられました。

ことばによる教示が明らかに効果を発揮したのは、モデルの行為を順番に再生するようになる（st３反応の出現）直前から直後の時期で、その内容は、積み木の使用個数が増える、行為の再生水準が上がる、モデルへの働きかけが増えるというものでした。つまり、モデルの「みんなナイナイ」ということばが、子どもの行為対象を広げ行為の再生レベルを引き上げられるようになるのは、st３反応が出始める一歳半直前だということです。

モデルの行為の再生ということについて言えば、モデルの意図を理解し行為を再生しうるようになるプロセスは、モデルの使う対象物の一部を使用することから始まり、モデルに引き寄せられるかたちで行為対象を広げ、モデルのことばを理解することによりモデルの意図を理解しモデルの行為を系列的に再生できるようになる過程だと言えるでしょう。モデルの意図を取り込んで自分の意図としていくのです。そしてその後子どもは、モデルの行為系列の再生が可能であるという前提の上で、課題の取り組み方や、お気に入りの課題を選択するようになり、おとなの指示とは異なる意図を「チャウ〜」と表現する選択主体となっていきます。*

したがって、モデルの意図は、最初は行為対象の一部と結びついた行為レベルのみで理解されているのですが、その後、モデルに子どもが気持ちを向け注意を向けることで行為対象が広がり、モデルの行為対象に対する行為の再生とことばの理解が結びついて、モデルの行為を順にすべて再生していくこととして理解されるようになるのだと考えられます。一五ヵ月から一六ヵ月頃に見られるおとなに引き寄せられる反応は、その後の研究でも指摘されていますし、(4)おとなが反応したほうがおとなへの注意の程度が高まることも指摘されています。(5)

この一五、六ヵ月という時期は、保育所児が親との別れに最も強く反応する時期でもあり、おとなとの関係が重要な時期だということを示唆しています。子どもがおとなに気持ちを向けることで、物に結びついた行為と自分の間に一種の「間」をつくり、新たな展開の可能性を開くということなのでしょう。木下さんは子どものダダコネや、他者の情動に巻き込まれる状態からこの時期を「おとなの意図が特定できない矛盾を抱える時期」と位置づけ、おとなの支えの必要性を強調しています。

＊実は田中昌人氏が一歳児の発達診断に用いている「二つのお皿に積み木を入れ分ける」課題も三人には実施しています。三人とも「箱入れ課題」とそう違いのない結果になりました。最初はどちらかの皿に積み木をいくつか入れる時期から、おとなへの働きかけが増えて二つの皿を用いるようになり、その後八個の積み木をすべて用いるようになります。この時期が箱入れ課題の獲得時期にあたります。そして積み木を全部皿に入れられたうえで、どちらか一方の皿を選択するようになりました。このように自分なりの選択が行われることが三人ともに見られた後、そのうちの二人（後述のけんちゃんとしんちゃん）では、積み木課題よりも「ふり」課題をしたがるという課題選択が目立ち始めました。

2）「ふり」の獲得のプロセスから

おとなの意図を理解しおとなが示した行為のモデルを再生する上で、おとなのことばの意味理解が関係深いことはわかりました。そしてことばの意味理解が効果を発揮するまでには、おとなに引き寄せられるような反応が重要な意味を持ち、それはおとなの働きかけにより活性化する可能性を持つこともわかりました。こうしたことをふまえると、おとなと子どもの関係や、おとなが意図していることを理解する過程をよりていねいに見てみる必要がありそうです。

おとなが意図していることを理解することは、おとなの行為の意味を理解することであるため、「ふり」の理解と関係深いであろうと予想されます。1）で見た「モデルの行為の再生」は、行為対象となる物と、物に対する行為を取り入れる過程でしたが、「ふり」はおとなが日常している「食べる」「寝かせる」といった行為を「思い起こし」再生するだけに、物への行為の再生以上に「人の位置」が高く、イメージに支えられることを必要とする活動と言えます。そこで「ふり」であらわす意図を理解する水準が問われます。おとなが「ふり」でおとなが「ふり」を含んだ活動においておとなの意図がどのように理解されていくかを見てみました。

具体的には一九八八年から一九八九年の二年間にわたり、三人の子ども（しんちゃん、えりちゃん、けんちゃん）に一二ヵ月から二四ヵ月まで、週一回一対一で私が設定した課題を実施しました。「ふり」の再生過程を見るだけでなく、他にも行為モデルの再生課題、鏡像理解課題など四課題を実施しましたが、その結果は次の3）にまわして、ここでは「ふり」課題についてのみ見てみましょう。

「ふり」は最も日常的な行為である「食べるふり」とし、自分がしてもらっている「食べさせてもらうことのふり」を人形相手に行うことと、自分が「食べるふり」をすることの二つの「ふり」を見ることにしました。「食べさせるふり」のほうが食べる行為主体が人形という「目で確かめうる対象＝物」であるため、「食べるふり」よりは容易であろうと予想しました。さらに「ふり」だけでなく道具としてのスプーンとすくうべき食品を加えて、対象への行為水準や「偽の食べ物」を食べ物のように扱う「意味理解」の水準を調べました。

そこで課題の実施は、より容易だと考えられるものから始め「食べさせる」後に「食べる」課題を、空の容器から始めその後に食品を入れることにしました。具体的には、白いコップと小さいスプーンとコアラの人形を提示し、「コアラちゃんに食べさせてね」と教示し、その後布製の実物大のイチゴのおもちゃをコップ内に加え「食べさせてね」と言います。次にコアラとイチゴを取り除き「○○ちゃんも食べてね」と教示し、その後コップにイチゴを加えて「食べてね」と言います。

子どもたちの一歳過ぎ時点での反応は、スプーンをコアラの口に直接持っていく、またはコップの中をスプーンでつついてからコアラの口や自分の口に持っていくのですが「ふり」をしているかどうかは不明確でした。パクパクと口を動かすなど、食べさせる・食べる「ふり」をしていると解釈される姿が見られ始める時期は、「食べさせる」ことと「食べる」場合の差は少なく、一番早いえりちゃんで一三ヵ月一週（「食べるふり」。「食べさせるふり」は一週遅れ）、一番遅いしんちゃんで一四ヵ月三週（「食べるふり」。「食べさせるふり」は一週遅れ）でした。しかし、「食べる・食べさせる」という課題に合った行為をする割合は、イチゴが入った場合にも「食べる・食べさせるふり」をコンスタントにするようになる時期（三人共にほぼ一七ヵ月：st３）までは、「食べる」よりも「食べさせる」ことのほうが意欲的に取り組めることがわかります

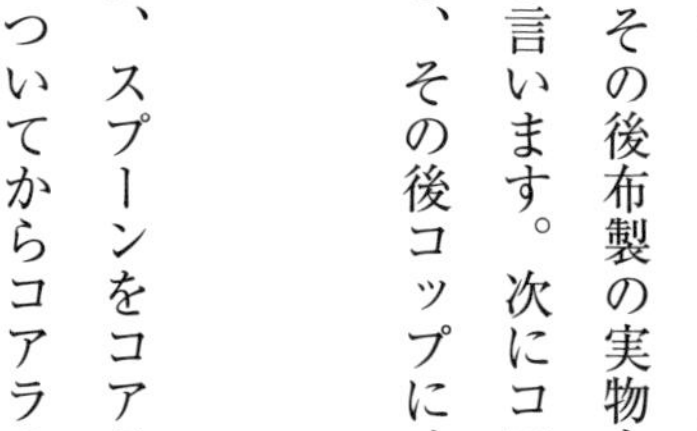

コップ・スプーン・コアラの人形・イチゴのおもちゃ

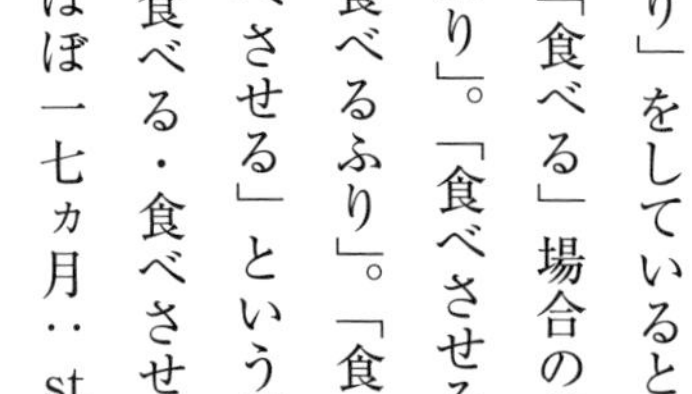

「食べさせる」ほうが意欲的（〜ほぼ17ヵ月）

（表３）。人形に食べさせる行為のほうが、おとなの行為のコピーがしやすくイメージしやすいということでしょうか。

イチゴが入るとどうでしょうか？「ふり」が成立する前の時期（st１）では、イチゴは「食べさせる」「食べる」に関係なく、無視されるか取り出されるかスプーンでつつく対象で、「食べ物」としてはまったく位置づいていません（表４）。「食べさせる」場合よりも「食べる」場合のほうがイチゴへの反応が強くなっています（表５）。「食べさせる」場合にはコアラという行為対象があるため、イチゴには関心が向きにくいのかもしれません。イチゴをスプーンですくおうとする意識は「食べさせる」場合のほうが「食べる」場合よりも強いのですが、「ふり」が始まってもしばらくは（st２前半まで）、イチゴは無視されることは減るものの食べ物としての扱いは少なく、イチゴが入ることで「食べさせる」意識をかえって半減させてしまいます（表３）。

一方「食べる」場合では、この時期（st２前半まで）、イチゴをつつく・イチゴをコップから出すなど、イチゴそのものに働きかける割合が「食べさせる」場合よりも多くなっています。この時期はコップとスプーンという対象にパクパクという「ふり」をつけることで精一杯で、新たな対象を行為の中に加えることと自体が子どもにとっては大変な課題なのだと言えそうです。この時期

「ふり」が成立する前の時期ではイチゴは無視される

までは「ふり」の獲得が中心課題であり、行為対象が限定的なほうが「ふり」がしやすいのだと言えます。

その後（st２後半）は、イチゴは「食べる」「食べさせる」いずれの場合も「食べる物」か「スプーンですくう物」として取り入れられてきます。ちなみに「食べる」課題では、この時期から次の時期にかけて三人とも、「食べるふり」をした後に私にスプーンを差し出したり、イチゴを食べさせようとする姿を一時的に示します。「食べ物」としての位置づけをおとなとのやりとりで確かめているのかもしれません。

そして一〇〇％「食べさせるふり」「食べるふり」が成立する（st３）と、イチゴは「食べ物」として完全に位置づき、一八ヵ月過ぎからは、コップが空だと「マンマ」とイチゴを要求するようになり、イチゴが明らかに必要不可欠な「食べ物」として認識されていることがわかります。その後子どもの取り組みはママゴトあそびに展開していきますが、その場合も〈「マンマは？」とイチゴを要求し、「コアラちゃんマンマよ」とコアラにスプーンでイチゴを食べさせ「タベター」と喜ぶが、食べる課題ではコップの中をつつく「ふり」をし、イチゴを加えるとイチゴをスプーンですくい食べる「ふり」をする〉というよ

おとなに食べさせようとする姿が（st２後半）

18ヵ月過ぎ以降ママゴトあそびに展開

表３　食べさせる行為・食べる行為――成立した割合（３人分）

段階	食べさせる課題		食べる課題	
	イチゴなし	イチゴあり	イチゴなし	イチゴあり
st1	71.4%	23.8	33.3	23.8
st2 前半	100.0	52.9	56.3	56.3
st2 後半	94.4	77.7	68.4	47.4
st3	100.0	100.0	100.0	82.4
st4	57.9	90.1	31.3	87.5
st5			100.0	100.0

表４　「食べさせる」課題における、イチゴへの反応

段階＼反応		無視	イチゴをコップから出す	イチゴをスプーンでつつく	イチゴを取り出し、食べさせる	イチゴをスプーンですくおうとする	イチゴをスプーンでつつき食べさせる	イチゴをスプーンですくい食べさせる
st1		78.9%	10.5	10.5	0	0	0	0
st2	前半	25.0	18.8	25.0	18.8	6.2	0	6.2
	後半	12.5	6.2	0	37.5	31.3	6.2	6.2
st3		7.1	0	0	21.4	0	21.4	50.0
st4		4.5	4.5	0	0	0	18.2	72.7

表５　「食べる」課題における、イチゴへの反応（３人分）

段階＼反応		無視	イチゴをコップから出す	イチゴをスプーンでつつく	イチゴを取り出し、食べる	イチゴをスプーンですくおうとする	イチゴをスプーンでつつき食べる	イチゴをスプーンですくい食べる
st1		55.0%	15.0	30.0	0	0	0	0
st2	前半	12.5	37.5	18.8	12.5	12.5	0	6.3
	後半	23.5	5.9	11.8	23.5	17.6	5.9	5.9
st3		25.0	0	6.3	0	6.3	12.5	50.0
st4		0	5.9	0	0	0	11.8	82.4
st5		0	0	0	0	0	0	100.0

うに、子どもの反応は「食べさせる」課題のほうが表現豊かになっていきます。「食べさせ・食べるふり」だけでなく、新たな行為対象に込められた意味を取り入れ、「食べ物を食べる」という本来のおとなの意図を理解し、さらには自分なりの意図を持って活動を展開していくのだと言えます。対象に対するおとなの行為を取り入れることで意図を理解するこの時期、自分よりは他者性を有する人形への行為のほうが行為の取り入れがしやすく、意図を理解しやすいのだと思われます。

それでは、おとなの意図を理解した「ふり」を獲得する過程において、作用する要因にはどのようなものがあるのでしょうか。一つはイチゴへの反応に見られた、取り入れる行為対象の広がりという側面が考えられます。「積み木の箱入れ課題」では、おとなが行為の対象とする物すべてを行為対象とし、おとながするように行為をなぞることで結果的に意図が理解されるのですが、イチゴを行為対象とする過程も同じくおとなが提示した物すべてを取り入れる過程だと言えるでしょう。ちなみに、おとなが行為の対象とする物をすべて対象とすること（箱入れ課題のst２）が可能になってから三ヵ月あまりの後に、三人ともイチゴを行為の対象に組み込むようになりました。モデルがない状況で、すべての対象を行為の中に位置づけられるようになるにはそれだけの日数が必要だということでしょう。

次にはおとなとの関係が考えられます。「ふり」や「食べ物」ではないおもちゃのイチゴを「食べ物」と見なす象徴機能*の働きが成立する上で、おとなとの関係はどのように作用しているのでしょうか。まず「ふり」については、えりちゃんとけんちゃんの二人は案外早く成立しましたが、しんちゃんは一五ヵ月頃と他児よりも一ヵ月以上遅くなりました。

実は三人ともに八、九ヵ月時より、週一回、積み木を二個打ち合わせ「チョチチョチして」と指示する、積み木であそんでいる最中に「チョーダイ」と手を差し出す、その後コアラ人形にイチゴを食べさせて見せ、「ドーゾ」とイチゴと人形を渡すという一連の課題を実施していました。その中で「イチゴを人形に食べさせる」という行為が初めて見られた時期にも三人で大きな差が見られたのです。

「食べさせるふり」が最も早く見られたえりちゃんがコアラにイチゴを食べさせたのは一〇ヵ月一五日、えりちゃんより一週遅れで「ふり」が始まったけんちゃんは一一ヵ月二四日、そして二人から一ヵ月以上遅れて「ふり」が始ま

＊象徴機能……今、知覚しているもので、そこにないものを呼び起こす働きをする機能。この場合、今ここに「本物の（食べられる）イチゴ」はないが、「おもちゃのイチゴ」を見ることで「本物のイチゴ」を呼び起こして課題ができること。

ったしんちゃんでは一三ヵ月八日と実に三ヵ月近いずれがありました。そのずれから考えると「ふり」の出現時期の差は大幅に縮まったと言えます。おとながして見せた行為のまねが単純に「ふり」を生み出すのではないのだということでしょう。しんちゃんは表6でわかるように、ゼロ歳代では物との関係の中でおとなに積極的にかかわる度合いが少なく、そのことがまねの成立を遅らせたようです。

しかし一歳を過ぎてからはそれまでを取り返すかのように、「箱入れ課題」のような物と取り組む課題の中で積極的におとなに注意を向けてきます。ちなみに「箱入れ課題」では、モデルへの働きかけが多くなるst1からst2にかけての時期にモデルに働きかけた回数は、えりちゃんは一回、けんちゃんは三回ですが、しんちゃんは五回も働きかけ、その後も毎回のようにモデルに働きかけています。ですから「ふり」の成立には行為の模倣だけでなく、物との関係においておとなに積極的に働きかけることが関連しているのだと言えそうです。このことは、イチゴを「食べ物」として位置づける際に、「おとなに食べさせる」という反応が一時的に出たことからも言えそうです。食べ物ではない物を「食べ物」のように扱うためには、おとなに対して積極的に働きかけること、特にこの段階では「食べさせる」という行為で確かめることが求められるので

表6　動作性課題における対人反応の出現状況における個人差（st6 から st8 まで）

えりちゃん、けんちゃん 12 ヵ月まで
しんちゃん　13 ヵ月まで

	積み木の打ち合わせ→打ち合わせて Ob①を見る	積み木を「ちょうだい」と言われ Ob を見る	イチゴのおもちゃを「どうぞ」と渡したときに Ob を見る
しんちゃん	②1/15 回	2/14	2/15
えりちゃん	6/15	2/15	7/15
けんちゃん	10/15	4/15	7/15

① Ob…観察者
② $\frac{\text{対人反応が出現した回数}}{\text{観察回数}}$

す。

「食べるふり」も「おもちゃを食べ物として見立てる」ことも、おとなの行為を取り入れて成立するものです。その際には単に対象に対するおとなの行為を「まね」しているのでなく、おとなが物に込めた「何か」（意図）を確認する必要があります。「ふり」では、イチゴをコアラ人形の口に持っていくというときに、「イチゴ」という「物」に引きつけられた行為から、おとなの口の動きというおとなの「行為」に注意が向く必要があり、したがって行為の中でおとなに働きかけ注意対象を変えていく力が潜在的に求められるのだと言えるでしょう。物と自分の間、おとなと自分の間に少し「間《ま》」をおくことが必要なのだということかもしれません。イチゴを「食べ物」のように扱う時期は、ことばによる働きかけが意味を持ち始める時期でもあり、おとなが物や行為に込めた意味の理解が意味づけを支えているとも言えるでしょう。だから、その後、子どもは自らの意味づけ（意図）で対象とかかわれるようになるのです。

３）おとなの「意味すること」を理解するプロセス

一八ヵ月児健診ではおとなの簡単な指示に答えること、問いに対して指差しで答えることを発達の指標としています。おとなのことばの意味を理解できることが、おとな（モデル）の意図を理解する上で重要だと考えられるため、おとなの問いに対する答え方の変化をまとめてみました。

ここで扱う問いは、一つは一八ヵ月健診でも問われる身体部位課題で、もう一つは鏡の像の認知課題です。物の名前に関する知識ではなく子どもの身体部位に関する問いを選んだのは、子どもの自分意識の状況を確認するためであるとともに、「食べる・食べさせる」課題でもわかるように、子どもにとっては物よりも自分が対象となることのほうが難しいことがわかっているからです。

そして「ふり」理解において明らかになった象徴機能の働きの状況を、鏡の像と実物の関係理解の水準を通して検討できると思われるからです。物とおとな、おとなと自分の間に「間」をおくことは、自分に関する問いにおいても見ることができるのかも検討したいと考えています。

①身体部位の理解

身体部位課題と鏡像認知課題は2）と同じ三人の一歳児に、朝の「排泄時間」の後の時間帯に実施しました。身体部位課題は、排泄後私のひざに対象児を対面で乗せ「○○ちゃんのオメメどれ？」「オハナは？」「オクチは？」「ア

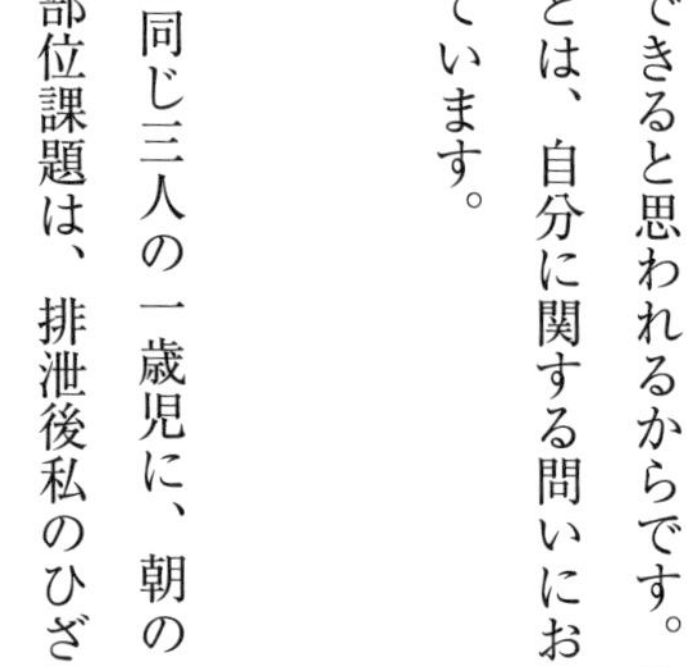

身体部位課題

ンヨは？」「オシリは？」と、子どもが答えるのが難しいと思われる顔の部位からたずねてみました。

鏡像認知課題では、遊戯室にある鏡の前でまず「○○ちゃんどれ？」とたずねた後に、「先生はどれ？」と私についてたずねました。その後、本人の像について「これ誰？」とたずねた後に、私の像を「これ誰？」とたずねました。

表7を見てください。身体部位に関する問いには、三人とも最初はまったく答えず無関心でした（st1）が、クチをパクパクさせたり、私のクチを叩きに来るなど私の身体に関心を示す姿が出た（st2）後、私の身体部位を指差した際に重ねて「○○ちゃんのは？」と問うと正しく指差すことも出てきます（st3）。しかしここまでは、私の問いに答えようとする構えは弱く、五つの問いのうち答えようとした割合は三〇％以下にしかなりません。

それがけんちゃんでは一五ヵ月、えりちゃんでは一六ヵ月、しんちゃんでは一六ヵ月の半ばには、問われたことにはなるべく答えようとし始め（六四％）、目に見えているアシについてはほぼ正しく答えられる（八〇％）ようになります（st4）。おとなの行為対象をすべて取り入れようとする時期に対応していると思われます。

その後は目に見えない顔の部位についてもメ以外は答えるようになり（st

表7　身体部位認知の発達——3人分の正答率

段階	メ	ハナ	クチ	オシリ	アシ
st1	0	0	0	0	0
st2	0	0	0	0	0
st3	0	0	11.1%	11.1	0
st4	6.7	13.3	20.0	20.0	80.0
st5	0	44.4	55.5	88.9	100.0
st6	81.0	76.2	90.5	85.7	95.2

5）、やがてメも理解し始めます（st6）。けんちゃんとえりちゃんは、「ふり」課題で「イチゴをすくって食べさせたり食べたりするふり」ができるようになったその日（一六ヵ月三週と一七ヵ月）の朝にはメを指差せるようになっていて、「ふり」の意味がわかることと見えない部位を理解することが関係深いことを示唆しています。この過程において、しんちゃんでは、問いに答える姿勢ができた後も顔の部位を答えられない期間が長く（二ヵ月、他の二人は三週間と一ヵ月）続きました。しんちゃんはこの時期には、箱入れ課題も「ふり」もちゃんとできるようになっていたのですが、目に見えにくい世界を対象とし、目に見える私の部位と対照して理解することが難しかったと思われます。

身体部位に関してみると、問いに答える姿勢が確立する前に私の身体に働きかける時期があることは、他者の身体を通して自分の身体を認知するという以上の意味があると思われます。物を用いた課題において、おとなに働きかけることで「現状に区切りをつけ」「新たな展開のきっかけとする」ことと同様な意味を持っているのではないでしょうか。問われていることの意味は理解できないし、問いの一部にしか注意を向けられないものの、おとなに働きかけることで打開をはかっているため、次には重ねておとなが問えば正しい答えに変わる可能性も得るのです。おとなの支えが子どもの行為に意味を持ちうる条件が

おとなの身体に働きかける時期がある

成立していると言えそうです。そして、おとながする問いにすべて答える構えが成立すると、見える世界であれば正しく答えられるようになり、さらには見えにくい顔の部位がすべて答えられるようになるのです。

自分の体の部位が理解できるということは、おとなと同じような部位を持つ存在として自分を位置づけるということですが、そのためには、おとなに注意を向けることで、おとなが連続して発する問いに応える構えができて、見えにくく確かめにくい部位をおとなの部位と対照する（ことばの意味が理解できる）ことが求められると言えそうです。顔の部位のうちではクチの認知が最も早かったのですが、それはクチがおとなの行為対象となりやすいからではないでしょうか。ハナとメは常に「指差す」対象でしたが、クチはいったん指差すようになった後は「クチをアバババと叩く」反応が四割を越え、認知対象というよりは行為対象としても位置づいていると思われるからです。

見えない部位を認知対象とすることは、おとなが「ふり」に込める意味を理解することと関係深く象徴機能の発達レベルと果たす役割を示唆していると思われます。しんちゃんは、象徴機能の発達において他児とは少し異なる姿を示しています。このことは、鏡像課題もふまえて検討しましょう。

②鏡像理解

それでは鏡の像についてはどうでしょうか。身体部位を問われたときと同様に最初は三人とも、鏡を叩いたり「バー」と顔をくっつけるなど、鏡をあそびの対象としていて私の問いに答える姿勢は見られませんでした（st1）。自分の像を指差せるようになり始めたのは、けんちゃんとえりちゃんが一四ヵ月一週、しんちゃんが一五ヵ月と二週で、身体部位課題でクチをパクパクさせたり私の口を叩いたり（st2）、「ふり」課題で「パクパク」という「ふり」が出たりした（st2）後になって、やっと問いに応える姿勢が出てきています（st2）。

その後、自分の像は正しく指差す（八〇％）一方、私の像も正しく指差す割合が急激に高まり（三五％）、その三分の二は像ではなく私を振り返って指差すという反応になります（st3）。この時期は私のすべての問いに答えようとする割合が、それまでの四〇％前後から九四・二％と急上昇しており、身体部位のst4同様の状況が見られましたが、時期的には鏡像の問いにすべて答えようとする時期のほうが一ヵ月ほど遅く、問われていることを理解できることが問いに応えようとする姿勢と関係していることが想定できます。

ついで私の像について正しく答え（本人を振り返って指差す割合と像を指差す割合は半々）、さらに「これ誰？」という質問に「センセ」と答えるものの、

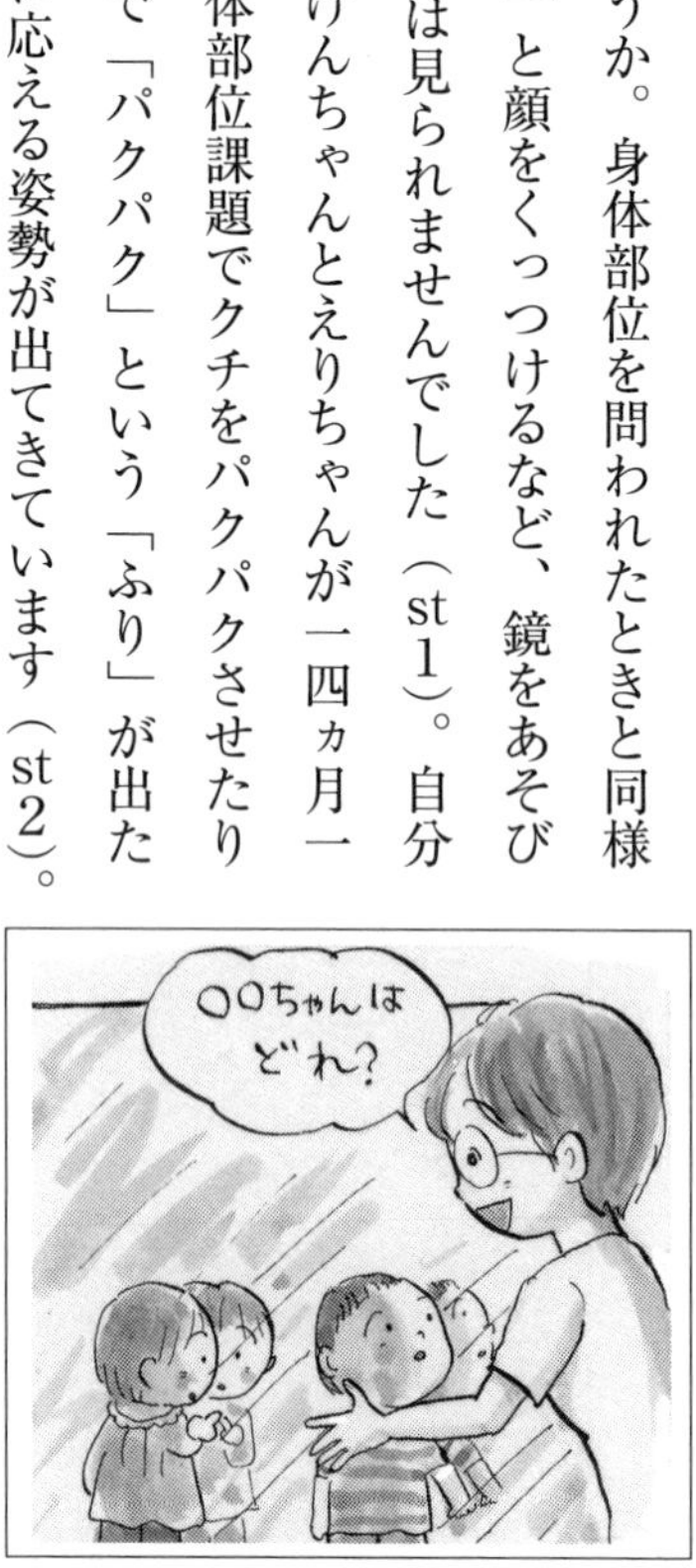

鏡像課題

自分に関しては、像は指差せても自分の名前で答えられない時期があり（st4）、その後両者について鏡像を指差すことも、正しく命名することも可能になります（st5）。けんちゃんは一八ヵ月二週、えりちゃんは一九ヵ月二週、そしてしんちゃんは二一ヵ月一週ですべて正しく答えられるようになりました。しんちゃんは、私の像の命名はできても自分の像の命名ができないst4の期間が二ヵ月一週と他児よりも一ヵ月以上長く、身体部位のときと同じような姿を示しました。

鏡像理解のプロセスにおいては、像に対して避けたり、自分を確認したりする反応が見られることが指摘されています。けんちゃんもえりちゃんもst2の期間（一五ヵ月後半）に「自分の像をまじまじと見つめて目をそらす」という反応が見られましたが、しんちゃんでは意外なことに、その反応がst1の段階で時期的にも三人の中で一番早く一五ヵ月一週に見られました。「目をそらす」ということの意味がしんちゃんでは少し違っていたのかもしれません。

自分の鏡像を指差すには「パクパク」という「ふり」や、おとなの身体部位に働きかける力量がついていることが必要です。意味は理解できていなくても、おとなの行為やおとなそのものに自ら気持ちを向けて、初めて鏡の像のような実体のないものを対象としたおとなの問いを受け止められるということではないでしょうか。よくわからない問いをしてくるおとなと、行為対象ではない実態のない像、双方への「どうしてよいかわからない」戸惑いを「目をそらす」姿は示しているのかもしれません。

　おとなの行為を系列に沿って再現できるようになると、おとなの問いに答える姿勢がぐっと強まり「問いにすべて答える」とともに、自分の像を正しく指差しつつ、私の像と私の間を振り返りながら確かめる行動が出て、実物と像の関係が確認されていきます。その後、けんちゃんは一七ヵ月一週に鏡の前でわざと変な顔をし、えりちゃんは二一ヵ月一週に自分の像についての問いにはすべて「ブー」とふざけるということがありましたが、この時期には、像と実物の関係を理解しているため、その関係を、表情を変化させて確かめるようになっているのでしょう。

　像に関しては自分を指差すことが先で、命名に関しては他者である私のほうが早かったのですが、おとなの意図を取り入れる際におとなの行為対象に添う時期ですから、おとなが問う対象としてはおとな自身ではない自分のほうが認知対象となりやすかったということではないでしょうか。

　さてしんちゃんは、箱入れ課題でモデルの行為を系列に沿って再現できるようになってからも、身体部位課題、鏡像課題はなかなかクリアできませんでし

実物と像の関係が確認できるようになると、わざと変な顔をしたりするようになる

た。象徴機能が関与している課題でも、操作対象となる物がある「ふり」課題は「箱入れ」課題に比べると苦手ではありましたが、えりちゃんとほぼ同じ時期には求められた「ふり」が成立していますし、箱入れ課題が確実になった後は、より苦手な「ふり」課題に挑戦しようとする姿が見られました。

他の二人に比して特に時間を要したのは、身体部位課題では、問いにすべて答えようとするものの見えにくい顔の部位を答えられない期間でした。鏡像に関しては、私の像の命名はできても自分の像の命名ができない期間です。乳児期に物への取り組みの中で主体的におとなとの関係を結ぶことが少なかったしんちゃんですが、おとなの物に対する行為を取り入れるのには困難はなく、一歳代になってからは物との関係の中で他の二人よりも旺盛に自分からおとなに働きかけています。そうしたおとなとの関係を基礎に、象徴機能を必要とする課題でも、おとなの問いに答える課題でも、おとなの指示を理解する姿勢と力を身につけたのですが、具体的な対象が見えにくく確かめにくい「自分の顔や自分の実体」に関しては苦手さが目立ってしまいました。

おとなの体と自分の体、おとなの像とおとなの実体の関係を対照し確かめ認識するということは、認知のレベルの問題というよりは、見える世界を見えない世界に置き換える表象機能の働きをより必要とし、「相手に見える」世界をくぐって「自分に見えない」世界を理解する上で、おとなとのより積極的な関係の蓄積が求められたということでしょう。

こうした個人差はありつつも、三人とも、鏡像認知が成立した後には見たてあそびが始まり、自分の名前を用いて自己主張し、他児をなぐさめるようになっていきました(表8)。

表8で設定した行動指標は、アキオの観察結果や麻生武さんをはじめとして一九八〇年代前半までに公表された一歳児の自我発達に関する研究(6)を参考に設定したものです。

表８　自我の発生過程における個人差；指標となる行動の出現月齢

時期区分		他者理解にかかわる行動	自他の身体認識にかかわる行動	要求の質と表現	しんちゃん	えりちゃん	けんちゃん
10, 11ヵ月		「ちょうだい」と言われて差し出す*②			10/9 ①	9/25	11/17
		人形にイチゴを食べさせる（模倣）*			13/8	10/15	11/24
				受け渡しにおいて主導性発揮*	12/17	12/17	12/8
				定位の指差し	11/0	9/25	12/15
1歳前半	前半		他児の身体への攻撃		16/14	13/1	12/8
				嫌いな物を他者に食べさせる	15/10	14/12	12/8
				追いかけかくれあそびを主導	15/3	12/10	12/15
			他者身体と自己身体の対認知*		15/10	14/12	13/19
				ケンカで取り返そうとする	14/19	16/27	13/29
				とられそうになり防ぐ	15/3	16/20	14/17
	後半		他者身体を指差し問う*		17/18	16/13	14/17
		わざといたずらをする					15/29
				しっとして他者を攻撃する	17/11		15/29
			他者の像を実物の反映としてとらえる*		18/9	16/7	16/5
				欲しいほうを指差す	16/21	17/4	16/11
		「～する人？」という問いに「ハイ」と指示に従う			17/18	14/26	16/18
			自己身体部位の認知*		19/2	16/27	16/25
1歳後半	前半		鏡の前でふざける*			18/4	17/16
				対比的指差し*	18/9	18/4	19/19
		取られたときにおとなの助けを借りる			19/2	17/11	17/24
				おとなの示したモデルを理解したうえで自分流にしようとする*	18/16	18/20	18/11
		他者の状態について言語的に表現する			19/25	18/20	18/11
				２語文での要求	20/29	20/22	18/18
			鏡像認知*		21/5	19/17	18/25
	後半			みたてあそび	21/12	20/18	19/15
				自分の名前を用いた自己主張	21/20	20/22	19/26
		他児をなぐさめる			23/1	22/3	21/17
				一人二役的なあそび	23/1	22/3	21/24

① 10/9……10ヵ月９日
② * は、「課題」の反応を通して確認した行動を示す。その他は、保育活動の中で確認した行動。

3　一歳児のこころと一歳児への取り組み

1）子どもの行為にステキな「間《ま》」を

おとなの意図を子どもが理解していく過程は、単純なものではありません。一歳児は、おとなの行為に意味を見出し、おとなの行為を取り入れ始めるのですが、最初はおとなの行為のうちの意味を感じた部分だけを取り入れます。この時期には行為対象の物と行為の結びつきが強いのですが、おとなに気持ちを向けることで行為に区切りをつけ、結果として行為と物のあいだに「間」をつくり行為対象としての物（の範囲）を広げることが可能になりますし、おとなの「ふり」を取り入れることもできてきます。

自分からおとなに注意を向け行為を区切り、行為と物の間に「間」を取り入れる現象に似た反応は、おとなの問いに関する答え方にもあらわれます。おとなの問いをきっかけにおとなに働きかけることで、結果としてより多くの問いに答えようとする姿勢が生み出されるのです。一歳前半のこの時期には、ことばでの教示は行為の変化は生み出しませんが、おとなへの注意をより強める役割は果たします。注意は強めるのにおとなの意図が読めない矛盾を支える、おとなの働きかけが重要だという木下さんの指摘があたっているでしょう。

問いに答えようとするおとなのことばへの志向性の高まりは、ことばの意味に添った方向での行為の変化に結びつきますし、問いに答える姿勢がより強まれば、鏡像のような「難しい問い」にも答えようとし、おとなに合わせる傾向が強まります。おとなのことばが子どもの行為に意味を持ち始めるようになるのです。それとともにおとなにイチゴのおもちゃを食べさせてみるといったように、自分の行為をおとなとの関係で確かめなおす姿も出てきます。おとなと自分を対照する作業は身体部位の認知においても意味を持つ行為だと言えるでしょう。

そして一歳半までにはおとなの行為の系列を意識し、おとながしたようにするという形でモデルの再生が可能になり、おとなが課題に込めた意図を理解します。おもちゃを「食べ物」として意味づけることも、おとなの意図として取り込みますし、顔の部位のような見えない部位に関してもおとなの意味づけに添って理解します。さらにおとなの求める行為を安定して達成できるようになると、自分なりに行為を発展させ、より好きな課題を選ぶという「自分の意図」を持つようになります。そして行為レベルでの対比がより困難な自分の像を命名することも可能になっていくのです。他者の意図が理解できることで、自分の意図も明確になり自己を主張するとともに、他者の意図を汲もうとする姿も生み出されるのです。

2）保育・療育の中で子どもの発達を支える

一歳児のあそび方や行動は、おとながモデルを示したりことばで指示しただけで変わっていくという単純なものではないということが、研究結果からは指摘できます。子どもが行為の中でおとなに主体的に働きかけることで自らの行為を切り替え、おとなに気持ちを向けることで実践的におとなのことばの意味を理解していくこと、そしておとなの行為をなぞるかたちで再生していくことでおとなの意図を理解し、おとなの行為を取り入れた上で子どもの意図も明確になっていくのです。その結果子どもの行動が大きく変わっていくのです。子どもがおとなに注意を向け主体的に働きかけていくことで、他者の意図の理解もそして意図を持った自分もかたちづくられていくのです。

本来一歳児は、一歳一、二ヵ月の時期に、おもちゃを見つけてはおとなに見せに行く行動を繰り返します。そのおもちゃを使って「何か」をしてほしいと要求するわけではなく、おとなに見せること渡すことに目的があるというふうなのです。生活の中で自ら主体的におとなに働きかけ行為を切り替えているのです。こうした蓄積があって、おとなの行為をなぞる基盤が形成されるのではないでしょうか。

子どもが主体的におとなに働きかけるためには、乳児期からおとなとやりとりを楽しむことはもちろんですし、子どもがおとなに注意を向けたときに受け止め行為を発展させることが必要なことは言うまでもありませんが、子どもにとって物は行為と結びついているために「すること」を引き出しやすく、のめりこむ可能性を持っています。そのため一歳を過ぎれば物と行為の間に「間」をつくるおとなの働きかけが重要になります。おとなのつくる「間」が魅力的であれば、子どもは新たな物やおとなのことばに注意を向けていきます。「親子教室」で私が見ている子どもたちは、おもちゃであそんでいてもおとなに見せに行くことが少なく、おとなから「間」をつくる必要があります。子どもの隣で子どもと同じおもちゃを使い、一緒にあそんでいる雰囲気をつくった後に、他のおもちゃを取り入れあそびを発展させることが必要になります。子どもの活動のリズムに合わせ共感することで、次への発展のきっかけをつくります。

保育所の朝の別れでひどく泣いている一歳児を保育士が抱きとめ背中をさすって落ち着かせた後に、周りが見えるように抱きなおして前を見せてやると、仲間やおもちゃにひかれて自分から保育士のひざを出て行くのも、いったん気持ちを受け止めてもらえれば、次の行為へと発展できる可能性を子どもたちが有しているからです。こうした取り組みが子どもと物の間に「間」をつくっていくのです。おとなに気持ちを向けることが増えてくると、おとなのしていることに子どもが参加し、おとなの行為をなぞり取り入れていくことになります。

保育や療育においては「間」をつくりやすい活動を保障することを考えましょう。紙破りや「大風こい」のような布あそび、シール貼り、スタンプ押しなどが子どもたちの関心をひくのは、物に付着した行為が、紙吹雪や大風そして目に見える作品へと変身し、行為の発展が実感しやすいからです。道具が入ることで砂や水も変身します。

知的な障害があると、砂をすくってはこぼすということを繰り返したり、紐を振ったりと単調な活動に終始しがちです。そうしたときには、砂や紐という行為対象を共に操作しつつ、こぼしたときに下に水があって水がはね飛ぶ、紐を振ると音がするなど新たな発展を演出することも必要になります。

象徴機能の発達に弱さを持つ場合は、「することが見えやすくなる手がかり」が必要になります。気持ちを盛り上げる音楽や、することを思い起こす手がかりとなる物を位置づけながら、活動そのものを魅力的なものにしていくことが求められます。水あそびの際にはジョーロやホースが、散歩の際にはアヒルに食べさせるパンの入った袋が、することを思い起こす手がかりとなるとともに、子ども同士が活動を共有し発展させる契機ともなるのです。

３）仲間の存在がプラスに生きうるために

子どもの行為に自然な「間」をつくったり、モデルを示し子どもの意図の世界を豊かに広げるのがクラスの仲間の存在です。

仲間の存在は、オモチャを取り上げてあそびを中断させる不快な存在となりうる一方で、だからおとなの支えを求める子どもからの働きかけを促進するきっかけをつくるとも言えます。行為に区切りをつける上で必要なおとなに気持を向けるきっかけを、おとなではなく仲間がつくってくれるのです。おとなは子どもの「いやだった」という気持ちを受け止め、次の発展を支える必要があります。

子どもたちが並んであそんでいるときは、積み木を倒す、穴に棒を入れ込むといった仲間の行為が「おもしろそう」という気持ちを引き出し、今していることに区切りをつけ、あそびの対象を広げる契機となります。おとながより楽しめるようにとあそびのモデルになれば、子どもの行為は発展していきます。

生活面では、少し月齢の高い子どもたちがおとなの働きかけに動きを変えると、「アレッ?」と変化に気付いて不安になりつつも、おとなに気持を向けることで行動を切り替えていきます。その際にも、子どもたちの行動を方向づけるようおとなが意識して取り組むことが求められます。日々の積み重ねの中で、子どもたちはおとなが求める次の行動が見通せるようになっていきます。

リズム活動のように子どもたちがイメージを共有しやすい活動では、子ども同士が互いにモデルとなり「イッショ」という共感の輪が大きくなります。「集団の渦《うず》」と言われるような姿を生み出せるのです。散歩やブランコ、トランポリンやシーツブランコなど身体に感じる世界を広げる活動の中では、「楽しい」という実感が「もっと」という意図になり、「イッショに」楽しんだ体験が、仲間に気持ちを向ける土台を築くのです。

このように仲間の存在が、子どもたちにとって活動の楽しさや生活の見通し、共感の広がりにつながることで、子どもたちは自ら行動に区切りをつけ、生活の主人公になっていきうるのです。

一歳児にとっての「間」の意味をふまえつつ、おとなを支えとしながら楽しさを広げていく彼らに、ステキな活動と生活を保障していきたいものです。

この章は、木下孝司さんが二〇〇八年に出された『乳幼児期における自己と「心の理解」の発達』（ナカニシヤ出版）に触発されて書きました。もとになっている私の研究は以下の三点ですが、論述は大幅に変更しています。元データをあらためて解釈しなおしました。

一「乳児期から幼児期への移行過程の研究（Ⅰ）」、一九八二、「日本福祉大学研究紀要」五一号、一～五九頁。
二「自我の発生過程の検討（一）―A児の成長過程の分析―」、一九八九、「日本福祉大学研究紀要」八〇号第一分冊～福祉領域、一～三三頁。
三「自我の発生過程の検討（二）―個人差の検討―」、一九九〇、「日本福祉大学研究紀要」八二号、二九～八三頁。

【註】

（1）木下孝司、二〇〇八、『乳幼児期における自己と「心の理解」の発達』、ナカニシヤ出版、四八頁。

（2）近藤直子、一九七九、「一歳半という時期は発達にとってどんなフシか」、青木民雄・勝尾金弥編『続・乳幼児の発達と教育』、三和書房、一〇五頁、図四―一。

（3）木下孝司、前掲書、五五頁。

（4）一歳児を対象にした研究はいろいろありますが、「道具的活動」を取り上げた以下の研究では、同じような姿が観察されています。大場真保子、一九九四、「一歳児における『道具的活動』の展開過程の発達的検討」、「人間発達研究所紀要」八号。辻本暁子、二〇〇四、「一歳半における『道具的活動』の展開過程」、「人間発達研究所紀要」一六号。

（5）木下孝司、前掲書、九八頁。

（6）麻生武、一九八七、「行為の共同化から対象の共同化へ」、「相愛女子短期大学研究論集」三四、八七―一三五頁。

第４章

18ヵ月児健診で大切なこと

1　一八ヵ月という時期に健診が実施されるのはなぜか？

一九七七年度に厚生省が実施した心身障害発生予防事業の一つとして、一八ヵ月児健診が市町村事業として実施されるようになりました。大阪府ではそれより前から一八ヵ月児に対してアンケートを実施し、心配のある子どもさんを呼び出して相談に乗るという事業を実施していました。私が一九七三年度より参加したのはこの相談事業です。

なぜ一八ヵ月という時期に健診を実施するのでしょうか？　当時厚生省の委託を受けて、財団法人母子衛生研究会が発行した手引きでは、一八ヵ月児健診の目的は「幼児初期の身体発育、精神発達面で歩行や言語等発達の標識が容易に得られる一歳六ヵ月の時点において健康診査を実施することにより、運動機能、視聴覚等の障害、精神発達の遅滞等障害をもった児童を早期に発見し、適切な指導を行い、心身障害の進行を未然に防ぐとともに、生活習慣の自立、むし歯の予防、幼児の栄養、その他育児に関する指導を行い、もって幼児の健康の保持および増進を図ることを目的とする」（日本小児保健協会監修、一九七七『一歳六か月児健康診査の手引き』母子衛生研究会発行、四三頁）と説明されています。この時点では視聴覚障害と精神遅滞が問題になっており、自閉症には触れられていません。

それまでの健診が乳児健診と三歳児健診とであったのに対し、一八ヵ月児健診が実施されたおかげで、実際は自閉症のような発達障害の発見が進み、一八ヵ月児健診で発見された子どものための一、二歳児療育が本格的に取り組まれるようになりました。

全国障害者問題研究会の実態調査（一九九一）では、システムの整った自治体では出生児の約二％の子どもに療育が保障され、一〇年後の調査では政令市のような人口の多い地域でも約四％の子どもに療育が保障されるようになっています（二〇〇一）。現在は知的な障害のない発達障害も視野に入れ、一〇％の子どもに療育を保障することを目指す自治体も出てきています。

一〇％という数字は大きすぎると思われるかもしれませんが、保健所・保健センターにおいて集団健診を実施している自治体では、保健師がフォローしている子どもが四〇％を超えるということを考えれば、決して大きな数字というわけではありません。集団健診を実施している自治体は、名古屋市のような人口規模の大きい自治体でも、健診の受診率が九五％に達しますが、二〇〇三年の地方交付税化によって健診の医療機関委託を実施した自治体では、受診率が七〇％代に低下する、療育開始年齢が遅くなるなど、障害の早期発見・早期対応という面では問題が出ています。発達障害の早期発見を視野に入れるとしたら、受診率が低下する医療機関委託は問題です。

もともとは身体障害、精神発達遅滞の早期発見のために始まった一八ヵ月児健診ですが、現在は知的障害のない発達障害もふくめ、ていねいにかかわったほうがよい子どもを発見し、療育の活用をふくめ、子育てを支えるためのスタートラインとして位置づいてきています。自治体のさまざまな子育て支援の仕組みにつながる健診として、さらには子育て支援の仕組みを充実させる契機として、一八ヵ月児健診は実施される必要があるのです。

2　一八ヵ月児健診では何を診ているの？

一八ヵ月児健診では「問診票」で発達チェックがなされます。「要精検」とカウントされないようにと、本当はまだできていないので「いいえ」に○をすべきところを、「はい」に○をするお母さんや、健診で使用される積み木や絵カードを事前に練習させるお母さんもいるようです。発達に問題があるかのように指摘されることは、お母さんにとってもお父さんにとっても、なかなか受け入れにくいことです。体の病気であればすぐにでも手を打って治さなくてはと思いますが、発達の問題はよほど困っていない限りは「こんなものだ」と思いたいのが親の一般的な心情です。特に日本では、子どもの発達上の問題は母親の子育てのせいと考える風土が強く、専門家のアドバイスを受けることに抵抗感があります。しかし子育ては母親一人で頑張るものではなく、日本の庶民は永らく集落で助け合って子育てしてきました。母親一人で子育てに専念するようになったのは高度経済成長期以降です。ちなみに一九五〇年生まれの私は、内職で忙しい母の元よりは、お隣のおうちに上がりこんで過ごしていました。みんなで助け合えれば子育てはもっと楽になります。他人からかわいいわが子のことをあれこれ言われるのは、それだけでムカつくことかもしれません。しかししんどいときには「ヘルプ　ミー」と叫んでよいのです。自治体は親と共に子どもを育成する責務を負っています。だから子育て支援の仕組みを築いてきているのです。安心して私たちを頼ってほしいと私も保健師も思っています。

さてそれでは一八ヵ月児健診では何を診ているのでしょうか？　当初厚生省が位置づけたように一八ヵ月という時期は、「一歳半のフシ」と呼ばれる発達の節目に当たり、赤ちゃん時代から幼児へと変身する時期です。離乳食から幼児食に変わるのも、親が食習慣や排泄のしつけを開始しなくてはと思うのも、この時期に子どもが変身することを感じているからです。変身の内容としてわかりやすいのは、歩き始めること、哺乳瓶からだけでなくコップからもミルクが飲めるようになること、カタコトをしゃべり始めることでしょう。だから歩き始めが遅かったり、ことばがなかなか出てこないと父母は少し心配になります。育児書どおりにならないと焦る人も出てきます。

一八ヵ月児健診の「問診票」は一九七八年当初は、「手引き」にもとづいて、**表1**のような形で実施されましたが、その後、自治体によって少しずつ変化してきています。特に発達障害に着目するようになってからは、コミュニケーションの発達が重視されるように

表１　１歳６ヵ月児健康診査受診前質問票（○印は必須項目）

住　　所		記入年月日　　年　月　日 記入者(母・父・祖母・祖父・その他　)	
お子さんの氏名	ふりがな	男 女	昭和　年　月　日生 生後　歳　か月　日	出生時体重　　g

続柄		年齢	名まえ	職業	健・病	続柄		年齢	名まえ	健・病
幼児の同居	父				健・病	幼児の同胞				健・病
	母				健・病					健・病
	祖父				健・病					健・病
	祖母				健・病	同居人				健・病

①　今までに健診や育児指導を受けたことがありますか……………受けた　受けない
②　前回の健診はいつ受けましたか　　　　年　　月　　日
③　前回何か注意を受けましたか（　　　　　　　　　　　　）
4．何か病気にかかりやすいことがありますか　　かぜをひきやすい，よく熱を出す
　　下痢しやすい，湿疹ができやすい，その他（　　　　　　　　）
⑤　前回の健診後何か病気にかかりましたか（中等度以上）
　　肺炎，重い下痢，伝染病，事故・けが，その他（　　　　　　　　）
　　入院した（病名　　　　　　　　　　　　）
　　手術をした（病名　　　　　　　　　　　　）
6．いま治療中の病気がありますか……………………………………ない　ある
　　　　（病名　　　　　　　　　　　　）
⑦　定期の予防接種を受けていますか……………………………受けた　受けない
⑧　よく歩きますか……………………………………はい　いいえ　わからない
9．手を引かれて階段をのぼりますか…………………はい　いいえ　わからない
10．おもちゃなどで，よく遊びますか…………………はい　いいえ　わからない
11．人のまねをしますか…………………………………はい　いいえ　わからない
12．絵本に興味がありますか……………………………はい　いいえ　わからない
⑬　絵本を見て，知っているものを指さしますか……はい　いいえ　わからない
⑭　ママ，パパなど意味のある片言を言いますか……はい　いいえ　わからない
⑮　相手になってやると喜びますか……………………はい　いいえ　わからない
⑯　おしっこや，うんちのしつけを始めていますか……いる　いない
　　うまくいっていますか…………………………………いる　いない　わからない
⑰　さじを持って，自分で食べようとしますか………はい　いいえ　わからない
18．よく食べますか……………………………………はい　いいえ　わからない
⑲　１日の食事内容
　　（質と量）大人と同じものを少しずつ，やわらかめのご飯や副食
20．間食は与えていますか　１日　　回（内容　　　　　　　　）
21．日中，お子さんは誰が見ていますか（　　　　　　　　　　）
22．お母さんは，職業をお持ちですか…………………いる　いない
23．家族に何か病気はありませんか……………………ない　ある
　　　　（病名　　　　　　　　　　　　）
24．名前を呼ぶと振り向きますか………………………はい　いいえ　わからない
㉕　耳が遠いという心配はありませんか………………ない　ある　わからない
㉖　目つきや，目の動きが悪いという心配はありませんか…ない　ある　わからない
27．よく見えていると思いますか………………………はい　いいえ　わからない
㉘　何か，相談したいことや，心配はありませんか
　　イ．発育や発達のこと
　　ロ．困った行動やくせなどの育児上のこと
　　ハ．その他

変化してきています。表2は田丸尚美さんが紹介している「問診票」ですが、田丸さんたちは通過率九五％以上の項目がどれくらい通過できているかを、精密健診の対象とするための指標としています[1]。名古屋市ではこうした項目に加えて、迷子になりやすい、人見知りがない、人見知りが強い、癇癪がひどい、視線が合いにくいなど七つの行動特徴があるか否かを追加しています。

発達の指標としては、単語数三～五個以下、簡単な指示（「ごみポイして」「新聞取ってきて」等）が理解できるか、指差しが出ているか、特に、問いに答える「可逆の指差し」が出ているかを重視するようになってきていますが、それだけでなく「気になる行動」についても確認しているのは、この時期は親がしつけを開始するためです。親の指示を聞かない、親の話に耳を傾けないといったことが、親子の緊張関係を高め育児不安を拡大します。かんしゃくや落ち着きのなさに親が困らされる時期でもあります。ことばを話すかどうかよりも、親のことばを受け止めることのほうが親子関係にとっては重要なのです。そして、ことばの受け止めの弱い子どもの中には、発達障害が疑われ、やがて診断がつく子が含まれてきます。ですから子育て支援の意味からも、発達障害の早期発見という意味からも、こうした項目を重視しているのです。

自閉症の発見には、簡単な指示の理解と「可逆の指差し」が重視されます。簡単な指示を理解するということは、親のことばに耳を傾ける構えがあること、子どもが日常の親の

表２　１歳６ヵ月児健診票における発達アンケート項目の通過率の推移

発達アンケート項目	参考検査	1997年	2000年
①走りますか（小走りで５ｍくらい）	遠城寺＊ １：４〜１：５	95.5	95.9
② 10㎝ほどの高さ（段）を手をつないで上がれますか	遠城寺 １：６〜１：８	97.7	98.1
③まねして積み木やブロックを重ねますか	遠城寺 １：２〜１：３	96.6	97.0
④まねしてコップからコップへ水を移しますか	遠城寺 １：４〜１：５	84.8	85.2
⑤食事をスプーンなどで食べたがりますか	遠城寺 ０：11	95.7	96.1
⑥動物や乗り物など簡単な絵本を読んでもらうことを好みますか	遠城寺 １：４〜１：５	89.0	89.3
⑦大人が片づけなどをしていると一緒になって物をとったりしてくれますか	遠城寺 １：２〜１：３	95.4	95.8
⑧きょうだいや友だちと遊んだり、手をつないで歩いたりしますか	遠城寺 １：６〜１：８	80.3	80.7
⑨マンマ、ブーブー、パパなど意味のあることばを言いますか	遠城寺 １：２〜１：３	96.0	96.4
⑩絵本を見て、動物、植物、日常のものなどの名前を言えますか	遠城寺 １：４〜１：５	73.0	73.3
⑪「新聞を持ってきて」などの簡単な命令を実行しますか	遠城寺 １：２〜１：３	94.8	95.1
⑫「○○ちゃんのお耳はどれ？」などたずねて、耳、目、口を指示しますか	遠城寺 １：６〜１：８	76.7	77.0
⑬犬や車を見たとき「ワンワンどこ？」「ブーブーどこ？」などとたずねると指さししますか	—	90.5	90.8
⑭絵や写真で「ワンワンどれ？」などとたずねると指さししますか？	—	85.6	85.9

N=1448 N=1442

＊遠城寺式発達検査において、通過するとされている月齢。１：４＝１歳４ヵ月のこと。

行為に関心を向け親の行為を取り入れることに要求を持っていること、そしておとなのことばの理解が部分的にであれできていることを示します。ごみを捨てることは比較的子どもには簡単です。通常親は指示する際にごみを見せて、ゴミ箱を指差し子どもの行動の方向付けをしているので、ことばが理解できていなくてもすべき行動を想起しやすいからです。新聞を取ってくる場合は、そこにない新聞を想起することが必要になりますから、具体的手がかりがない分、ことばの理解が求められていることになります。「可逆の指差し」は、おとなの「ワンワンは?」等の、ことばの問いに答えることですから、相手への注目とともにことばの理解が求められます。コミュニケーションは双方向のやりとりですから、話せることだけではコミュニケーションとは言えないのです。

保健師は「問診票」の結果とともに、集団健診での子どもの様子や親の様子を診て、次の段階の取り組みに紹介しています。名古屋市では「心理職による個別相談」と小集団で行う「親子教室」の二つのフォロー事業があります。私は「親子教室」担当の心理職ということになります。まわりに他の親がいるのはいやだという親は「個別相談」を、「楽しい教室があるから」という勧めに乗る親は「親子教室」を利用します。個別相談を利用してから「親子教室」に紹介される親子もいます。

保健師はなるべくなら一八ヵ月児健診後、二歳までには「親子教室」を利用してほしいと考えていますが、「様子を見たい」という親もいます。「様子を見たい」というケースや、ことばが出ているわりには指示理解や指差し反応が弱い子ども、集団場面での問題が目立った子どもに関しては、家庭訪問を実施したり、二歳児アンケートを実施して発達状況の把握につとめ、できるだけ早期に「親子教室」を利用できるようにしています。楽しく世界を広げていくこの時期に、親子がしんどくならないように、親子が少しでも楽しさを感じてほしいと願って保健師は仕事をしています。

ですから保健師は健診時に「何か心配なことがあったら電話してね」と親たちに伝えます。健診時にはあまり問題は見られなかったにもかかわらず、子育てサークルに参加したら毎回のように友達を叩き親を困らせるといった場合に、親が連絡してくれるようになるからです。「親子教室」でも、近づいてきたお友達を、何もしていないのに叩いたり突き飛ばしたりします。自分の周りに薄い膜を張っていて、そこから中に入る子を縄張りから追い出しているという感じです。たぶん過敏さを持っているのでしょう。「親子教室」のようなプログラムのある教室のほうが、見通しが持てて安心なのか、次第に縄張りが広がっていくのがわかります。こうした子も含めて、親と子が困っていれば支援していくために、問診票に「気になる行動」が付け加えられているのです。

一八ヵ月児健診後に保健師等がフォローしている子どもは約四〇％ですが、一般に子どものうちの三割は「育てにくい子ども」だと言われていますから、妥当な数だと言えます。「親子教室」に来る子どもは六〜七％の子どもです。保健師が勧めても「親子教室」に来ない親もかなりいます。保健師は親の思いに添いながら、より利用しやすい、学区の「子育てサロン」や「子育て支援センター」等を紹介し、それらと連携しつつ「親子教室」に紹介していきます。それでも結局「親子教室」には来られない場合は、三歳児健診でフォローしますが、その段階でも支援を拒否されることもあります。保育所や幼稚園に入園してから、落ち着きがない、指示に従わないといった状況が問題になり、「保健所は何をしていた」と詰問されることもありますが、「親子教室」も「個別相談」も利用するのは親ですから、入園後は保育所・幼稚園と協力しながら親子を支援することになります。

私は保健師が「親子教室」に紹介してきた子どもの中から、通園施設の療育グループ（名古屋市の場合）などの専門機関に紹介すべき子どもを見つけ出し、適切な時期に親に受診を勧めるという仕事を担当しています。

3　どのような子どもを専門機関に紹介するの？

1）かつてはどうだったのか？

私は一九七三年から一八ヵ月児健診にかかわっていますが、専門機関に紹介する子どもはこの四〇年ほどの間に大きく変化しています。この間の変化には、子どもが通うことのできる療育機関の整備状況と、「親子教室」の位置づけの変化が反映しています。

私が一九七三年に始めた一八ヵ月児健診後の相談は個別相談でした。一八ヵ月児健診で発見された子どもを「親子教室」という形態でフォローするようになったのは、一九九一年五月二二日付厚生省児童家庭局長通知「乳幼児健全発達支援相談事業の実施について」が出されて以降のことです。「親子教室」を実施するかどうかは自治体の判断ですから、現在でも実施していない自治体があります。

さて私が一九七三年に一八ヵ月児健診後の発達相談を始めた頃の個別相談の進め方は以下のようなものでした。保健師が心配な親子を呼び出し、私が発達検査と個別面接を実施し、育児上のアドバイスをするという流れです。一目見て自閉症だとわかっても、当時は一歳児を紹介できる療育の場はなかったため、「毎日外に連れれて出てね」「今より一五分でよいからあそび相手になってね」と、母親にとっては無理な注文を出していました。「もう少し朝起きる時間を早めてしっかり食べられる生活にしようね」と言って、「そんなん無理や！」と泣かれたこともありました。定期的な相談といっても、生活もあそびもすべて母親に背負わせていたのです。それでも大阪の保健所は児童相談所と連携が深かったため、健診後のフォローに関する学習会を児童相談所の職員と合同で実施したりしていました。

日本福祉大学に就職し、名古屋市の保健所で働くようになった一九七八年頃は、名古屋市でもやはり一歳児が通える場はありませんでした。個別相談で「自閉症だ」と確信して児童相談所に紹介しても、「こんな小さい子はわからない」と保健所に戻されることが多く、熱心な保健師の中には「児童相談所はあてにならない」と民間病院の療育教室に紹介する人もいました。私はお母さんには悪いけれど、市の責任ある機関がケース把握を進め、たくさんのケースをどうするかを考えることが大切だと思い、児童相談所に紹介し続けるとともに、保健師さんにお願いして月一回のグループ活動を実施してもらいました。一八ヵ月児健診後のフォロー児が増加したこと、そして一九七八年の名古屋市の統合保育の制度化にともない市内の通園施設が軒並み定員割れを起こしたことが契機となり、名古屋市の療育体系が見直され、二歳児からの入園と、一、二歳児の療育グループの実施が一九八二年から開始されました。保健所の教室は取りやめ、通園施設の療育グループに紹介することが私の仕事となりました。

児童相談所への紹介よりは「週一回の楽しい教室」への紹介のほうが親には受け止めやすく、また診断よりも療育を受けられることが大切だと考える私にとっても、よりやりがいのある仕事となりました。通園施設の職員も「一、二歳児は変化が早い」と前向きに受け止めていました。とはいえ母親からすれば、毎週療育グループに通うことは大変なことです。そんな特別なことをしなくてはならない子であると、他人から言われることはしんどいことです。毎日、ほんとうに困っている人は、わらにもすがる気持ちで通ってくれますが、それほど困っていない人や、困っていたとしても「そのうち変わる」と思いたい人はなかなか行ってくれません。ですから個別相談では、はっきりと自閉症が疑われる子どもたちを療育グループに紹介していました。一八ヵ月児健診時に単語が三個以下で、指示理解も不確実、指差しもなく、発達検査に乗らない子や、発達検査での共感反応が弱い子どもについて、「集団の場でのあそびに参加したほうが、ことばの伸びがよくなるから」

と紹介していました。児童相談所でその後自閉症という診断が付いた子どもたちは、個別相談時の発達検査では、積み木が積めたりハメ板をはめられていても、積めたときにもはめられたときにも、母親や私に嬉しそうに笑いかけることがない共感性の乏しい子どもたちでした。またハメ板に関しては、与えられた円板を基板の円孔に入れるよりも、私が回転させた基板に手を伸ばし元の向きに戻そうとする反応が顕著で、同一性保持というか、物に引きずられた反応が目立っていました。

いずれにしても、療育グループが開始したことで私の仕事の目標は、児童相談所に紹介することから、集団で伸びる可能性を親に伝えるということに変わりました。診断を受けさせることではなく、集団生活を開始するための個別相談のほうが親には受け止めやすく、以前に比してより多くの子どもを紹介するようになりました。

療育に通う前に、子どもが集団生活で伸びる可能性を母親に実感してもらうことができるようになったのは、「親子教室」が実施されて以降です。名古屋市では一九八六年から一部の保健所で「親子教室」が実施されていましたが、国の通知後本格的に全市に広がりました。「親子教室」が開始されるようになってからは、グレイゾーンと呼ばれる、障害が明瞭ではない子も多数「親子教室」を訪れるようになりました。「楽しい教室だから」と保健師が「親子教室」を誘いやすくなったからです。個別相談では半日で最大七人の子どもに対応したことがありますが、親子教室では一〇組以上の親子を受け入れることが可能です。ですから私が診る子の数も増えていることになります。そして私が療育グループに紹介する子どもの数も増えています。「親子教室」で子どもの変化を実感した親は、週一回の療育グループに通うことへの抵抗が減り、回数が増えることのほうを選択するからです。療育を受ける子どもの数が二%から四%に増えたのは、「親子教室」の成果でもあるのです。

2）現在はどのような紹介の仕組みなのか？

名古屋市の「親子教室」から専門機関に紹介する経路は二通りあります。名古屋市には四ヵ所の療育センターがあり、そこには医師や心理士が常駐しており、子どもの障害を診断する機能を有しています。医師の診察を受けた後に療育グループに通うことになります。医師の診察を受けるということは、親からすると「何か悪いところがある」ことを意味するため、父母にとってはハードルが高いということになります。療育センターの管轄外の区では児童相談所が障害の診断を行いますが、カバーしている地域が広いため、医師の診察抜きに療育グループが利用できます。要は療育グループの利用の前に、医師の診察があるかどうかの違いです。センターのように医師が常駐しているほうが重度な子どもにとっては安心ですし、訓練士もいるため一ヵ所で必要な支援が受けられるというメリットがあるのですが、そのメリットは利用してみて初めて理解できるため、紹介の段階では医師の診察を必要としないほうがやりやすいというのが実感です。

医師の診察を必要とする地域では、「この教室を利用するにはお医者さんの診察を受ける決まりになっているから」と親に説明しています。そして「言語の専門家もいるし、専門の先生がたくさんいて子どものことを相談できるよ」とスタッフが多数働いていることのメリットを強調しています。医師の診察を必要とする地域の「親子教室」のほうが「親子教室」で抱える期間が長くなりがちです。それは親が医師の診察を受けることに対する抵抗感を乗り越えるのに少し時間が必要だからです。

3）何を基準にして療育に紹介しているのか？

私は三ヵ所の「親子教室」に参加してきましたが、プログラムはおおむね共通しています。名古屋市の「親子教室」は療育グループへのつなぎが目的となっているため、月一回午前中の教室です。スタッフは私（心理職）、保育士、療育グループ実施機関の職員、保健師三名が基本です。センターの管轄していない地域ではここに児童相談所の職員が加わります。こうした他機関の職員が参加することで、親と顔見知りになり、センターや児童相談所、療育グループに出かける際のハードルを低くしています。知らないところに行くのは誰でも不安です。知っている人がいるというだけでも気持ちが楽になります。
参加する親子は一〇組前後。保健師が親の訴えを聞き、保育士が教室の取り組みを進め、私が個別相談を受けるという風です。私が相談を受けるのは初回の人と、カンファレンスで「療育の場に紹介しよう」と方針を確認した人、そして「相談したい」と保健師に申し出た人です。教室のプログラムはおおむね以下のようになっています。

九時～九時五〇分　自由あそび（その間にスタッフは別室で九時半頃までカンファレンス）
　保健師による問診
　片付け
一〇時～一〇時一五分　朝の会（歌・手あそび・リズム＋出席）
一〇時一五分～一〇時三〇分　取り組み（紙破り・パラバルーン・シーツブランコ・制作・描画等）
一〇時三〇分～一〇時五〇分　手洗い・お茶
一〇時五〇分～一一時二〇分　自由あそび（個別相談）
一一時二〇分～一一時三〇分　帰りの会（読み聞かせ・シール貼り等）
一一時三〇分～一二時　カンファレンス

このプログラムの中で子どもを観察し、子どもの状況と親の思いを勘案して療育グループを紹介することになります。

療育グループに紹介する基準の第一は親の要望です。子どもがグレイゾーンであったとしても、親が支援を求めているときには、密度の濃い支援を保障すべきだと考えるからです。しかしそうした希望を持つ親はあまり多くはありません。「自閉症でしょうか?」と初回にたずねてきても、それは「自閉症ではない」と否定してほしい思いの裏返しのほうが多いものです。

子どもの状況に関しては、広汎性発達障害*、知的障害、聴覚障害を疑いながら観察しています。広汎性発達障害と診断される子どもが最も多いのですが、一歳後半から二歳前半までの時期では、コミュニケーションの問題が目立ちます。おとなの指示に合わせられるか、周りの状況を見て合わせているか、やりとりや共感の成立状況はどうかに注目しています。

こだわりは二歳三ヵ月頃から目立ち始め、特定のあそびしかしない、ことばが出始めたものの数字やアルファベットが中心テーマになっているという姿が確認できます。そうした姿が出る前に療育に紹介することを目標にしています。最近は母親べったりで課題に参加しにくい子どももいるため、家庭でのあそびの状況をお聞きして、ドアやカーテンの開閉や、自動ドアなどへのこだわりが見られないかも確認しています。歩行開始が遅く、あそびの中でのおもちゃの使用が乏しく、口に入れる、持ち歩くといったゼロ歳児のような使い方の場合には知的障害を疑います。ことばが遅く二歳過ぎても単語が増えないものの、ジェスチャーが上手で指差しや模倣も盛んで、あそびの中のやりとりも豊富な場合は聴覚障害を疑って見ますが、実際に聴覚に障害があるケースは少ないです。ことばの遅れが見られる場合、親は自閉症を疑うよりは、聴力検査を受けるほうが抵抗感は少ないようです。

私は広汎性発達障害を疑う場合はこだわりが目立つ二歳三ヵ月までには療育に紹介し、ひどいこだわりを防ぐことを課題としています。親も子もしんどくなる前に療育を開始したいからです。聴覚障害も早く紹介したいのですが、子どものことばに対する親の心配が大きくなるのは二歳の誕生日を過ぎてからのことが多いため、二歳をめどにしています。発達に偏りの少ない知的障害の場合も二歳が一つのポイントですが、親は「ゆっくりしているだけ」で困り感を持っていないため、親が療育の場を活用するのに二歳半ばまでかかることもあります。こちらが焦ることで親が「親子教室」を拒否することのほうが、支援の遅れの要因となるため、じっくりと親子に付き合うことになります。なかなか療育につ

＊広汎性発達障害……3歳以前にあらわれ、人への関心や共感が乏しく、身振りや言語でのコミュニケーションが困難で、ごっこあそびなどの想像的な活動が乏しく興味の対象も限られているという三つの特徴を持つ症候群（大月書店『保育小辞典』より）。

ながりにくい場合も、保育所や幼稚園への入園が一つのポイントとなるため、入園先が決まりホッとしている時期に「入園してから専門の先生が園に行って、園の先生たちにアドバイスする制度があるから活用してみない？」と誘っています。入園前に診断がついていることで、園も支援がしやすくなるし、療育機関が園をバックアップできるからです。

ボーダーラインと言える子どもに関しては、就園まで「親子教室」に通ってもらい、「入園後保健師さんが園に訪問してもいいかな？」とたずねています。この私の問いに「いやだ」と答えた親は今までに一人もいません。保健師が訪問することで園長は相談しやすくなりますし、集団生活に関する問題に早期に対応できるからです。

４）「親子教室」における子どもの状況と観察ポイント

朝の自由あそびの時間帯には、子どもは好きなおもちゃを使っているため、あまり問題を出しません。自由あそびの時間帯にただ歩き回る、脱走しようとする、部屋に入ることそのものをいやがる、部屋の隅のスイッチ・ブラインド・コンセント・鍵穴などに目が向くことが多いと、親とのコミュニケーションがとりにくいことや関心の偏りが想定されます。こうした子どもは療育に紹介すべき子どもです。自由あそびからおもちゃの片付けに入ると泣く子もいますが、たいていは初回だけで、楽しい教室だとわかるため二回目には親の手伝いをして片付けるようになります。泣くことが続く場合は、行動に区切りをつけ切り替えることが困難だと判断されるため、発達の偏りを想定します。

「朝の会」では「親子のふれあいあそび」が取り組まれますが、親のひざに座っていることが苦手でウロウロする子や、親に触れられることをいやがる子は、三項関係の前提となる親子二者の関係の育ちの弱さが想定されるため、発達の偏りが心配されます。直接的なふれあいは苦手でも、出席の際にカードや動物をボードにペッタンと貼り付けに行くことは好きな子が多く、親はそのことが喜びとなります。物があるほうが、この時期の子どもには「何をするのか」が見えやすく、目標を達成しやすいからです。

取り組み課題は季節や子どもたちの状況によって変化しますし、担当する保育士の持ち味によっても変わりますが、描画など机に向かって取り組む活動は参加可能な子どもが多く、作品を持ち帰ることが、母親にとっては「お父さんに見せようね」と楽しみになっています。パラバルーンやシーツブランコは、好きな子とそうでない子が分かれるようですが、慣れてくるとほとんどの子どもが楽しめるようになります。課題にまったく参加せず脱走しようとする子どもや、みんなが密集していると不安が高まり入り込めない子どもは、集団生活に困難を抱える確率が高くなります。

お茶の時間にはみんながそろうまで少し待つということを要求していますが、知的な遅れがある場合は待つことが難しくなります。お茶の机の片づけを手伝うことが好きな子が多いのですが、多動な子は特にお手伝いが大好きで、お手伝いをすることで待つことができたり、トラブルを回避できたりします。

自由あそび後の「帰りの会」では、シール貼りを含めて、子どもは総じて保育士の指示に従いやすくなっています。保育士への注目度が高まっているためです。この時間帯に機嫌が悪くなる子は、生活リズムが崩れているか、見通しの悪い子だと想定できます。また保育士のすることをすべてコピーする子も出てきます。アスペルガー*と診断される賢い子どもさんに見られる姿です。保育士をコピーし、保育士と同じように前に出たがり「子ども役割」がとりにくいため、集団生活では周りからの批判にさらされる可能性のある子です。

こうしたことを観察しつつ、子どもの発達のしんどさと、どういうことならば頑張れそうかを見積もって、親との個別相談やカンファレンスに臨んでいます。親との面接では、親が「困っていること」を中心にして、「こんなことをするといいよ」とアドバイスもしますが、なるべく子どもの楽しい場面やよさを伝え、「回数を重ねることでもっと楽しめるようになる」ことと、「回数が多いほうが伸びる子どもについては週一回の教室もある」ということを告げておきます。初回でも親が「回数を増やしたい」と希望されれば、療育に紹介します。

5）療育につなげる

2）で説明したように、名古屋市では区によって仕組みが異なります。医師のいる療育センターに紹介する区と、療育センターの管轄外にあるため療育の場に直接紹介する区の二種類になります。紹介する側からすると、医師のいるセンターのほうが親の抵抗は大きいと感じています。医師の診察を受けるということは、通常「病気」を意味するからです。医師の診察抜きに療育が利用できる区のほうが、気軽に療育を活用してくれます。現在は療育機関の職員が「親子教室」に参加しているため、「この先生のいるところなら」と、「親子教室」に一、二回参加しただけで療育の場を利用する人も多く、一歳代か二歳過ぎに療育につながるようになっています。障害が疑われる子どもだけでなく、親が疲れていたり、月一回の「親子教室」では物足りなく感じている場合でも利用しています。「ちょっと手のかかる子どもの利用する子育てグループ」という感じでしょうか。数回利用してから地域の「子育てグループ」に移行したり、園長に勧められて児童相談所で医師の診断

＊アスペルガー障害……広汎性発達障害（113頁参照）の一つ。対人関係の障害、コミュニケーションの障害、限局された活動と想像的活動の乏しさを有するが、発達の遅れはないか軽いとされる。比較的言語の獲得が早く、人との関わりを好むケースもある（大月書店『保育小辞典』より）。

を受けたりと、親子の状況によって枝分かれしていくと言ってよいでしょう。ですから私の紹介のトーンも、「もっと回数を増やすともっと楽しいよ」という気軽なものになっています。

いずれにしても、スタッフ全員で親子の様子をしっかりと見つめ、親がわが子の可能性に気付き、療育を活用して気持ちを楽にしてくれるように、カンファレンスを運営しています。

こうしたつなぎは、医師がいるか否かだけでなく、地域の実態によっても異なってきます。祖父母が近くにいる親は、祖父母の目を気にして、保健所の「親子教室」に通うことにも気を使っています。「療育の場に行くなどとんでもない」という祖父母もいれば、親以上に熱心に療育に取り組む祖父母もいて一律ではありませんが、祖父母の存在がカギとなることは事実です。また保健師への信頼度にも地域差があります。教育水準も生活水準も比較的低いと言われる地域のほうが、保健師のアドバイスを受け止めてくれる傾向があります。勧められれば「親子教室」にも来ますが、いかんせん生活リズムが夜型であったり、車を持っていないために、続けて来室することは苦手です。療育への紹介も受け止めは素直です。一方教育水準が高い地域では「親子教室」に来るまでに時間がかかります。家庭訪問や「二歳児アンケート」でのフォローを重ねてやっと「親子教室」に来られるようになります。しかしいったん来られるようになると、子どもの状況をしっかりと受け止め、療育にも積極的になられます。

もちろん、療育の場へのアシは重要です。一家に複数台の車があれば別ですが、多くはそうでないため、公共交通機関で乗り換えなしで便利に通えるかが重要です。それでなくても手のかかる子なのですし、幼い弟妹がいたら大変なことは目に見えています。家から通いやすいところに療育の場があれば、私の仕事はもっと楽になることでしょう。

4 見落としや過大なスクリーニングはないの？

一九七三年から今日までの間には、もちろん見落としもありました。一八ヵ月児健診等の健診システムに対して批判的な人々は、見落としを問題にするよりは、問題のない子どもまでスクリーニング*して余計な心配をさせて、子育ての不安や負担を拡大しているのではないかということを問題視しています。健診で発達に遅れがあるからと個別相談に呼んでおいて「様子を見ましょう」で終わったとか、お母さんのかかわり方の問題のように言われて傷ついたといった声も聞かれます。これらは健診自体が悪いのではなく、スタッフの対応や支援の仕組みに問題があるということでしょう。

ちなみに現在「親子教室」に来る子どもは、母親が心配して電話してきたケース以外は、おおむね発達に弱さやしんどさを持った子どもで、保健師たちの診る目の確かさを実感しています。我が子のしんどさへの対応のあり方を母親一人で悩むのでなく、保健師や私たちと一緒に考えて、みんなで子育てを支え母親の肩の荷を軽くするための教室です。過大スクリーニングと言われる場合は、そうした楽しさを実感できる仕組みがなかったり、親の不安をかきたてるような指導になっている場合ではないでしょうか。ケースカンファレンスを通して、親子のさまざまな側面を多数の目で見つめ検討することで、親子に即したよりていねいな支援を組み立てることが可能になります。

見落としは自覚しているだけで何ケースかありますが、自覚していないケースもきっとあると思います。見落としたのは「親子教室」の目的が主に自閉症児の発見にあった時期、「親子教室」に通っている間に単語数が順調に増加し、「ことばが増えてきたから大丈夫」と卒業させたケースの中に、就園してからこだわりが目立ってきたり、いじめに遭ったりして、アスペルガー障害と診断された子どもたちです。親御さんとお会いする機会があり指摘され、見落としていたと気付かされました。アスペルガー障害が今ほど注目されていなかったということとともに、療育グループの対象児が限定されていたこともふくめて、「親子教室」が満杯になると、卒業させることに意識が集中していたことが、見落としにつながったと反省しています。

見落としたわけではなく気になってフォローはしていたけれど、療育につなげるのが遅

＊この場合、「少し心配だな」「子育てしにくいんじゃないかな」と思われる子どもを選び出すこと。

れたケースの中には、私の見立てがずれていたものもあります。もともと重度な多動の子と主にかかわってきていたこともあって、ことばは遅くても、母親から離れたがらないおとなしい子どもについて、ともすると次の場の紹介が遅れがちになります。母親から離れたがらないということは、愛着関係の成立を意味しているとは限らず、知らない場面や他人に対する過敏性のあらわれとして理解すべき側面を持っています。三項関係が教室で成立しにくいわけなので、コミュニケーションの発達面で弱さを持っているということです。広汎性発達障害と診断される子どもの中には、こうした子がいるのですが、過敏さやことばの問題は気になりつつも、療育への紹介をためらってしまうのはどうしてでしょうか。「子どもがべったりでしんどい」と言いつつも、子どもが頼ってくれることに安心を感じている母親の気持ちが転移するのかもしれません。ときどき宙を見たり、課題場面では母親にきつくしがみついたり、正面からだと目をそらすこともある姿に気付きながらも、療育の場の紹介に逡巡してしまうのですから。苦手なケースというのがきっとあるのでしょうね。だからこそ、個別相談よりも、多数の目で見守る「親子教室」に意味があるのだと思います。

一八ヵ月児健診に関しては、いくつかの専門雑誌に医師がフォローケースの経過も含めてまとめていますが、自閉症児の多くは一八か月児健診で発見されるようになってきています。言語理解と「可逆の指差し」が発見ポイントになり、集団場面での様子と合わせて発見の精度が高まっています。医療機関委託ではなく集団健診を通して「発達上の心配」を早期に発見するだけでなく、「親子教室」のようなフォロー教室にスムーズにつなげて、親子がなるべく早く、楽しい日々を送りうるようにしていくことが求められています。アスペルガー障害などの知的障害のない発達障害を早期に発見することが、「発達障害支援法」では重視されていますが、その多くは実は一八ヵ月児健診で「過敏さ」や「育てにくさ」「変わった癖」等の特徴によってフォロー対象になっています。こうした子どもたちも「親子教室」を利用できるためには、より利用しやすい「親子教室」にする必要があります。「親子教室」の実施回数を増やして、たくさんの親子が利用できるように条件を整えることも必要です。保健所や保健センターに行くのはいやだという人が利用できるように、地域の保育所や「子育て支援センター」等を活用して、「親子教室」を開催することも必要でしょう。

そのためには、子どもの発達を診ることができる心理職が、自治体に常駐することが必要でしょう。私のように月に一回だけ保健所に出勤する心理職では、多数の教室を担うことも、フォローケースのアフターケアや健診を見直すための研究的なデータ蓄積も、不可能だからです。毎月の「親子教室」が私にとっても楽しみなのですが、本来は大学教員やフリーの心理職や言語聴覚士が片手間にする仕事ではないと思っています。地方交付税化され自治体格差が拡大している健診業務ですが、障害を複雑化させない取り組みとして、親子が楽しく生活できる条件を整えるための取り組みとして充実させてほしいものです。

【註】

（1）田丸尚美、二〇一〇、『乳幼児健診と心理相談』、大月書店、八六頁。

【参考文献】


近藤直子、佐々木美智子、白石恵理子、松原巨子、一九九一、「自治体における障害乳幼児対策の実態」、『障害者問題研究』六七号、全障研出版部。

近藤直子、一九九七、『子育て楽しんでますか？　私の街の子育て支援』、かもがわ出版。

近藤直子、白石正久編、二〇〇三、『障害乳幼児の地域療育』、全障研出版部。

全障研障害乳幼児施策全国実態調査委員会、二〇〇一、「自治体における障害乳幼児施策の実態」、『障害者問題研究』二九巻二号、全障研出版部。

中川信子、一九九八、『健診とことばの相談　一歳六か月健診と三歳児健診を中心に』、ぶどう社。

日本小児保健協会監修、一九七七、『一歳六か月健康診査の手引き』、母子衛生研究会。

第５章

保育・子育てＱ＆Ａ

はじめに

一歳児の発達相談に取り組んできた中で父母から受けた相談や、保育所の障害児保育において受けた相談の中で、よくある質問についてまとめてみました。子どもは一人ひとり異なる存在ですし、家庭や保育所の置かれている条件もさまざまですから、答えは一つではないでしょうが手がかりにはなると思います。もちろん困っていることへの解答が欲しいというよりは、話を聴いてもらいたい思いのほうが強い人もいます。じっくりと耳を傾けてください。

子どもの示す問題は、家庭だけでは解決できにくいことが多く、地域の子育て支援センターや児童館といった支援機関、さらには通園施設などの療育の場を活用したほうが親はぐっと楽になります。しかし残念ですが利用してみないとそのよさが実感できにくいため、足をふみ出すのに時間がかかる親もいます。そうしたことをふまえた上で、日ごろからこれらの機関と連携し、親がより利用しやすくなるための方策を検討していく必要があります。保健師を含めたスタッフのカンファレンスでも検討すべきでしょう。地域に活用できる資源がなければ、どうすればつくりうるのかをスタッフで検討することも必要になります。そんな見通しを持ちつつQ＆Aを役立ててください。

1　家庭での子育てにかかわって

Ｑ１　なかなかことばが出ないのですが……。

Ａ１　ことばが出ない原因としては、いくつかのことが考えられます。原因をふまえて取り組みましょう。

第一には耳の聞こえの問題があります。一歳児でも聴力検査は可能なので、二歳までにまったく単語が出ない場合は、児童相談所、難聴幼児通園施設、子ども専門の病院で検査してみるといいでしょう。児童相談所や難聴幼児通園施設で聴力検査を受けたほうが、療育の場を紹介してくれるので助かります。

第二には発音機能の問題があります。口のしまりが悪い、かむ力に弱さがあるなど、口腔機能の発達が未熟だと、発音が悪く何を言っているかわかりにくいものです。本人はおとなの真似をしていても、おとなには聞き取れず、そのために発音意欲が低減してしまう場合もあります。食事場面ではにんじんスティックやキュウリのスティックなどを用いてかむ力を高める、ストローで吸う練習をするといったことが取り組めます。

大切なことは、発音しやすいことばをかけて、マネを成立しやすくすることです。まねてくれたと思うと親はうれしいですし、親が喜ぶことが子どもの意欲につながるからです。子どもにとって発音しやすいのは、「マンマ」「アッター」「カンパイ」「ナイナイ」「ワンワン」などの「ア」音から始まることばと、「ヤッター」「カッコイイ」「ヨイショ」「オットト」などの気持ちや動作を示す情動語です。

何を言っているかはわかりにくいが、「～～ネー」などとあたかも話しているかのような声を出すことをジャーゴンと言いますが、一種の発音練習です。もうすぐ単語が出だすかな？というサインです。子どもからするとおとなの話は、外国語のような感じなのでしょう。とらえやすい語尾だけがはっきりと模倣されるのです。私たちも外国語を聞いていても何を言っているかはわかりませんが、短い「ハ～ロウ」「ノー」などは聞き取れるものです。まねしやすいように短い単語で話しかけることが大切です。口の開け閉めの模倣ができる子には、にらめっこなどで口の形をつくる練習をします。湯船の中で取り組むと集中しやすいようです。縁日で売っている蛇笛は、息を吸う・吐く練習の成果が目に見えやすく子どもも喜びます。三歳過ぎても発音が不明瞭で何を言っているかがわかりにくい場合は言語訓練を受けることも考えます。児童相談所、難聴幼児通園施設はもとより、言語聴覚士の養成校でも対応しています。

第三は聴く姿勢の問題です。聴力には問題がないけれど、おとなのことばに耳を傾ける姿勢が弱いと、おとなのことばは耳に入りにくくなります。何よりもおとなに注意を向けることが必要です。そのためにはまずおとなが子どものしていることに注意を向け、共にあそぶことが必要です。自分に注目してくれていると感じるから、おとなのことばに注意を向けうるのです。共にあそぶと言っても何をしていいかわからないときは、子どもの横で、子どもが使っているおもちゃと同じ物であそんでみることです。同じ物を使っているというだけで、一緒にあそんでいるような空気が流れるからです。子どもにことばをかけるときは、情動語をなるべく用いて子どもの気持ちに働きかけ、さらにジェスチャーをつけると意味が伝わりやすくなります。

聴く姿勢の弱い子に対しては、親はどうしても叱ることが多くなります。こちらの意図が伝わりにくいために、叱らねばならないようなことをするからです。そうすると子どもにとっては、おとなのことばは不快なものになります。おとなのことばが心地よい、耳を傾けたくなるものになるには、子どもの気持ちを代弁することとともにお手伝いが大切です。子どもは母親のしていることはよく見ています。洗濯物を干す、テーブルをふくといった家事の中で、子どもが関心を示す安全なものを親がしてみせ、洗濯物を渡してもらう、布巾でテーブルをふいてもらうなどのお手伝いをさせてみます。うまくできれば「ありがとう」と感謝のことばが自然と出てきます。「ジョウズ」「できたね」という評価を示すことばと違い、「ありがとう」という感謝のことばは、子どもに〝役立つ自分〟を実感させ、気持ちを前向きにし、親への集中力を高めます。

第四にはコミュニケーション力の弱さがありますが、これはすぐには解決できません。コミュニケーションの基礎は、伝え合いたいという共感性の育ちと、伝えたいテーマの成立、そして伝える手段としての身振りや指差しの獲得と多面的なものだからです。小集団でのていねいな療育を受けることが必要です。日々の生活においては、情動語やジェスチャーなど子どもに伝わりやすい手段でことばをかけること、ことばかけは短くすること、子どもの気持ちをことばにすること、お手伝いをさせることなどが大切です。好きなあそびが増え、仲間と共感し伝えたい世界が広がると、ことばだけでなく表情や身振り、描画や造形活動において豊かな表現が展開し始めます。

Ｑ２　落ち着いて食べてくれないのですが……。

Ａ２　食事の相談は、食べることに集中しないことと、偏食の二つに代表されます。一日に三度ある食事のたびに親はイライラしてしまいます。長い目で取り組むことと、当面できることの両面から考えましょう。

落ち着いて座っていない、あそび食べといった問題は一歳後半から目立ってくるようです。落ち着いて食べない原因としては、食べることよりも他にしたいことができてくることと、親の食べてほしいという意図を強く感じすぎるということの二つが考えられます。いずれにしても、食べる量が少なくても子どもが元気なのであれば心配する必要はありません。生活が見通せて、一日の生活の中の食事の位置が理解できる三歳を過ぎれば食べるようになってきます。

歩行が安定し世界を広げる喜びにあふれている子どもにとっては、食事はあまり新鮮な体験とは言えません。ですから、戸外で食べる、仲間と食べる、お好み焼きを焼くなど、いつもとは違う新鮮な条件だと食べやすくなります。ときどきは新鮮な条件で食べることにチャレンジし、毎回の食事は集中が途切れたら片付けることにして、「時期を待てば」いいのです。ランチマットを敷く、お盆に食器を乗せるといった演出が効果的な場合もあります。

もちろん、食欲を育てることも大切です。散歩や公園での滑り台、保育所の園庭開放や子育て支援センターでの仲間との活動など、適度に体を動かすことにチャレンジしたいものです。

親の意図を強く感じすぎることで食事に集中しない場合は、一対一の関係を見直してみましょう。仲間と食べる機会には、一対一の圧力を感じにくくなります。家庭では一対一になってしまう場合には、ぬいぐるみをテーブルの周りに座らせて、食べさせっこをするだけでも雰囲気が変わります。「食べさせられる」という圧力は子どもを受身にします。自分の意図で行動しようとしている子どもは、布巾でテーブルをふいたり、配膳を手伝うだけでも主体性を発揮した気持ちになります。父親がいるときには、「お父さんに食べさせて」とお父さんのお世話をすることも、主体性の発揮になります。伸びようとしている子どもの主体性を尊重することが、遠回りのようで実は意欲を育てることにつながるのです。

Ｑ３　偏食がひどいのですが……。

Ａ３　偏食も基本的には時間が解決します。

偏食というとわがままだと思う人が多いのですが、偏食には理由があります。一歳後半から偏食が目立つのは、子どもに選ぶ力がつくからです。好きなものを選び嫌いなものを避けるから、おとなから見たら偏食ということになるのです。嫌いになる理由もさまざまです。

広汎性発達障害と診断される子どもでは、感覚の過敏さが偏食の原因になっていることが多いのですが、乳児期には平気だったものがこの時期急激に食べられなくなります。口腔内が過敏な場合、口腔にへばりつく感覚がいやでパンが食べられなくなる、口のまわりにべとつくのがいやであんかけ等の調理形態のものが食べられないといった姿が出ます。

嗅覚が過敏な場合はにおいのきつい野菜や、特定の風味のものが受け付けられなくなります。私は学童期までは「偏食の女王」で、洋風や中華風の献立は受け付けず、幼児期は、特定のメーカーの特定のふりかけをかけたご飯とわかめの味噌汁で生きていました。嫌いな献立をつくるにおいがしただけでキレていました。高学年になり偏食はましにはなりましたが、出されたものをまあまあ何とか食べられるようになったのはおとなになってからです。嫌いなものを「まあいいか」と受け入れられるようになったということです。その分、好きなものの好きさが減少し、大福やショートケーキのようなお菓子や、桃・バナナといった果物を姉妹と取り合った日を懐かしく感じています。受け入れられる世界が広がり、嫌いな食品の嫌い度が私の中で相対的に小さくなっているのです。一歳児は、嫌いなものを見つける力量はついたけれど、世界がまだ狭いためにこころの中での嫌い度が大きく、嫌いなものを避けざるを得ないのです。イメージの力が育ってくると、いやな体験と献立が結びついて、どうしても受け入れられないというものが出てきます。無理に食べさせられることは、ますますマイナスなイメージを増幅することにつながります。

それでは、偏食は放置してよいのでしょうか？　嫌いなものがあるのは当たり前のことですから、少々の偏食であれば、幼稚園や保育所に行くようになって仲間に目が向けば軽減されるので心配する必要はありません。心配であれば、空腹で食べること、戸外で食べるなどの新鮮な体験を保障すること、食べさせ合いやお手伝いなど食事に主体的になりうる取り組みをしてください。

広汎性発達障害の場合のように極端な偏食への取り組みにおいて大切なことは、偏食の原因になっている、子どもの感覚世界の狭さに対する取り組みや、不快体験の軽減の取り組みを工夫することです。トランポリンやブランコのような揺れの感覚、マッサージやボールプールのような触れる感覚など体全体の感覚世界を広げ、受け入れられる世界を広げることが、遠回りのようで実は重要な取り組みとなります。こうした取り組みは家庭だけでは困難です。保健所・保健センターの「親子教室」など小集団の場を活用してください。一般に仲間と共に取り組む活動が広がると、食べられる献立も広がります。初めて食べるときには、クッキングや調理実習など何かきっかけが必要かもしれませんが、世界を広げる取り組みが基本だということを忘れないでください。

せっかくつくったのに食べてくれないと腹も立ちますし、このままで大丈夫なのかと心配になり焦る親が多いのですが、親の「食べてほしい」という意図を感じると拒否感が拡大してしまいます。本人が元気なら大丈夫。〝少し食べてくれればめっけもの〟ぐらいの姿勢でいたほうがいいでしょう。無理に食べさせたり、逆に、「食べてくれるなら」とチョコレートを毎食食べさせるといったことは、問題を長引かせることになります。食べられないと予測できる献立は量を少なくし、残したことへの親の腹立ちを少なくします。おなかを空かせてから食事にする、食事の前にはお手伝いをしてもらう、プチトマトなどを栽培し子どもに収穫させて食べる、ランチマットを敷く、食器を変えてみるといった工夫も有効でしょう。食べられる食品を基本に、少しずつ献立のバラエティを広げていきます。冷奴を食べるのならば湯豆腐など豆腐料理の幅を広げる、ヨーグルトなど白い食べ物も試してみるなどといった具合です。毎日のことだからと焦る親心を受け止めつつ、焦りを軽減できるように、この子に今取り組むべきことを提起していきたいものです。

Q4　寝つきが悪いし夜泣きもひどくて……。

A4　なかなか寝てくれない、毎晩のように夜泣きをして付き合わされるという睡眠に関する悩みは、親が睡眠不足になり体力的にきつい上に、「近所迷惑になるのでは？」と考えることで追い詰められやすい問題です。生活リズムの見直しが必要ですが、親ができそうなことから取り組みましょう。

毎日のことで大変ですが子どもが元気ならば大丈夫。本人は睡眠が足りているのですから、親がゆっくり眠られる条件を保障するほうが先です。保育所の一時保育を活用してゆっくり眠ってください。一時保育に預ける際に子どもが泣きわめくと罪悪感を持つ親もいますが、しばらく保育士が相手をすると子どもは回りに目を向けてあそび始めるものです。親がくたくたで倒れそうということのほうが、子どもの生活にとっては大ごとです。一時保育で体を使い、かえってよく眠るようになってくれるかもしれません。

親の体力にゆとりができたら、生活の見直しに取り組みましょう。寝つきが悪い原因としては、第一に朝の起床時刻が遅く生活が全体に夜型になっておりなかなか眠くならない、第二に活動量が不足し適度な疲れを感じていない、第三に日中の活動が一歳児のこころを満足させるものになっていない、第四に「寝かせよう」という親の意図が強く感じられ拒否感があるといったことが考えられます。

第一から第三までの原因は生活のあり方にかかわる問題です。

朝の起床時刻を急に早めることは困難です。多くの場合、子どもの起床時刻は父親の勤務形態や帰宅時刻に影響されているからです。私が働く保健所では起床時刻が一〇時という家庭がざらです。「幼稚園に入園するまでに、朝の八時に起きられるようにしたいね。一年で一時間、一ヵ月で五分早めればよいから」と言うと、母親も「何とかなる」と思えるようです。眠たくない子どもを寝付かせることは至難の業です。特に父親が起きていることがわかると、子ども部屋の電気を消しても子どもは寝付きません。夜に眠くなるようにするには、朝少しでもいいので早く起こすことです。子どもは眠たいためぐずり機嫌が悪くなります。母親はそのことに負けてしまいがちです。ですから母親が「出かけなくてはならない」理由を持たないと頑張れません。そのために「親子教室」や「子育て支援センター」を活用してほしいのです。日常は一〇時過ぎまで寝ている子どもも、「明日は親子教室だよ」と親が言っておくと、楽しみにして早く起きることができます。眠たくても起きるのは、起きたほうがいいと子どもが感じるからです。毎朝、起こしてから散歩に連れて出られれば、子どもも起きようと思えるでしょうが、そうした頑張りができる親ばかりではないので、親も楽しみにできる定期的な「企画」が必要なのです。最初はテレビ番組でもいいので「起きよう」と思える「楽しみ」を保障し、もっと楽しい企画を親子に保障していくことが求められています。

第二の活動量の不足は現代の多くの家庭に共通した問題です。親も車に慣れ歩くことが減り、子どもも手がかかるためにベビーカーで移動し、体を使って活動する機会が減っています。

運動不足なので眠たくなりにくいのです。「親子教室に参加したらその日はよく眠ってくれたから」と、親が喜ぶのも適度に体を使うからです。仲間がいることで今までしたことがなかったことにチャレンジし、いつもにましてよく動き、「教室」が終了後も子どもたちが保健所の前の階段で追いかけっこをして楽しむ姿が毎回見られます。戸外に出るだけで子どもの活動量は増えるのですが、「公園が遠い」「公園に行っても同じ年頃の子どもがいない」「戸外は寒い」「戸外は暑い」「下の子もいて大変」などの理由で外に出るのを渋る親もいます。育てにくいタイプの子どもの場合は「車に向かって飛び出すので危ない」「同じ年頃の子どもを突き飛ばすので嫌われている」「いったん外に出るとなかなか帰りたがらず大変」といったことから、外に出にくくなることも多いのです。暑さや寒さ、飛び出しは、児童館、子育て支援センターなど室内のあそび場を確保することで解決しやすくなります。家とは違うおもちゃがある、滑り台や室内ブランコ、ジャングルジムのような大型遊具も魅力です。仲間も得やすくなります。下の子の世話や仲間とのトラブルは、職員が常駐している場のほうが取り組みやすく、児童館、子育て支援センター、保育所の園庭開放、地域の「子育てサロン」や「子育て広場」などが活用できます。トラブルが多い場合は、療育の場を活用するほうが親はホッとできます。親のこころがけだけで頑張らずに、安心して活動しうる場を活用し、子どもが心地よく疲れて眠りやすい生活を築きましょう。

第三の一歳児のこころを満足させる生活とはどのようなものでしょうか？　世界を広げるこの時期、子どもは新鮮な出会いを求めています。歩いて世界を確かめる散歩。石ころをマンホールの穴に落とし見えない世界をイメージし、木の枝で植え込みをつつき塀を叩き世界の変化を確かめ、その楽しさをこころに刻み込みます。ホースやジョーロで水をまき、世界を思うように変化させる喜びにあふれます。パラバルーンやボールプールで今まで味わったことのない身体感覚に出会い、新たな自分を感じます。親や兄姉のしていることにチャレンジし、少しでもできると自分の力を実感します。だから感動をことばにしてあふれさせるのです。体を動かしているわりに寝つきが悪い場合には一日の満足感を見直します。生活の中での不快な思いや、眠る前のテレビ画面が夢になって出てきて、そのために夜泣きをしている子どももいます。眠る前のテレビ以外は、親が見直すには難しいことばかりです。親は一歳児のために生活しているわけではないからです。保育所や、発達支援センターのような療育施設での取り組み課題です。睡眠障害が大変な場合は、子どもを対象にした専門の場を活用することを検討しましょう。

第四の「寝かせよう」という親の意図を感じすぎる問題は、昼間、子育て支援センターなどを活用することでかなり軽減されるはずです。眠ることは疲れていれば自然となされることですが、それでも子どもにとっては、起きている生活から睡眠という別の生活への切り替えを意味するため、実はエネルギーを必要とすることなのです。だから子どもは母親に甘え、乳房をさわり、指をしゃぶって自分を切り替えていくのです。親がゆったりと自分に向き合っているかに敏感になっています。早く寝付かせるというよりは、いい一日の終わりを迎えるというスタンスが大切でしょう。自分も疲れているから子どもと一緒に寝て、残った家事は早朝に片付けるくらいのスタンスでいたほうが気は楽です。絵本を読んでいるうちに親のほうが先に眠っていたってよいではないですか。親が幸せを感じていれば子どもも幸せなのですから。

Ｑ５　着替えや洗髪をいやがるのですが……。

Ａ５　着替えや洗髪の意味が理解できていない上に少し過敏なところがありそうですね。着替えは意味がわからないとしにくい行為です。おとなでも休日で一日家にいる場合には、パジャマから着替えなかったり、ジャージで一日を過ごすことがあります。「出かけるから着替える」というのが子どもにとっては自然です。パジャマから服に着替えるのも、散歩で汗をかいて帰宅後に着替えるのも、「お出かけ」というメインイベントが生活に位置付き見通しが持てるからです。着替えて出かける先が欲しいですね。入浴の後裸で過ごしたがる子どもが多いのですが、裸はなんら束縛がなく気持ちがいいですよね。パジャマを着ると寝なくてはいけないし、まだ寝たくはないと思っていれば余計に裸で過ごしたくなります。いずれにしても、着替えは生活の見通しに関係深い生活習慣だということをおさえておきましょう。でも着替えも大切。着替えに取り組むためには、見通しにつながるようなメインイベントを用意しつつ、着替えそのものに関心を持てるように工夫します。ぬいぐるみの着せ替えで練習する、湯上りのお父さんとタオルでふきっこする、ズボンをトンネルに見立てて足の汽車を通すなど、子どもの気持ちを盛り立てて、うまくできればほめることも必要です。

どうしても服を着ることがいやだという子は、触覚の過敏さがあると思われます。肌に触れる感覚がいやでたまらないのです。ダッコされれば親の服と接触します。ダッコがいやでなければ、ダッコを通して接することのできる素材（綿、麻、ウール等）を広げましょう。触覚に過敏さがある場合は、マッサージ、水あそび、紙ふぶき、ボールプールなどでいろいろな感触に親しめるといいですね。療育の場で触覚の幅を広げましょう。拘束されている、わかっていないと感じる取り組みが多いと、「すべてイヤだ！」と脱ぎ捨てて裸になります。そんなときは取り組みを見直してみましょう。

洗髪は通常はいやがるものです。シャンプーが目に入って痛い目をしたことがあればなおさらです。目をつぶっていなければならないということだけでも子どもには恐怖ですし、不安定な姿勢で片手抱きされているのも不安を拡大するからです。シャワーが痛いと感じる子もいます。子どもは頭に汗をかくし不潔だし、かと言って毎日風呂場で泣かれると近所から「虐待だ」と通報されるのではと親も辛くなります。親のそうした不安が子どもに伝わりますますいやがるようになります。シャンプーハットをかぶりイスに座っての洗髪が可能になればグッと楽になります。そのためには、これも遠回りのようですが、ブランコや坂すべり、父親の足に乗る飛行機など不安定な姿勢でも楽しめるようにすること、マッサージなどで過敏さを軽減することが必要です。そしてお風呂が好きになるように、湯船におもちゃを浮かすことや、シャボンであそぶこと、親のシャンプーでアトムの角などをつくってあそぶこともいいですね。親の背中をゴシゴシしてもらうことで主体的にお風呂を楽しむのもいいでしょう。シャワーが苦手な子には、洗い桶にためたお湯を少しずつかけることを試してください。ご近所には「洗髪が苦手で……」と愚痴っておきましょう。共感してくれる人も必ずいます。

Ｑ６　トイレでの排泄をいやがりますが……。

Ａ６　三歳までは神経質にならないでいいですよ。

毎年、幼稚園就園を控えた子の母親からトイレの相談が持ち込まれますが、「大丈夫、何とかなるから」と答えていますが、結局みな何とかなっています。おしめを取ることに母親が必死になると、子どもに吃音が出てきたり、大便をテラスで隠れてしたりと、かえってややこしくなってしまいます。トイレでの排泄は子どもの要求にはなりにくいので、親が必死になると、親子関係のもつれにつながりやすくなります。トイレでの排泄が子どもの要求になりにくいのは、子どもにとって意味が見えにくいからです。この時期の子どもは、好きなあそびができたため、好きなことをしたいと思っています。それを「トイレは？」と親が中断するのですから、「ナイ」「イヤ」と拒否するのが普通です。

保育所児はトイレの自立が早いのですが、それは日常的にモデルが多数いること、日課の区切りが明瞭で生活に見通しが持ちやすいためにトイレに行く意味が理解しやすいこと、そしてトイレが子ども向きにできていることが理由です。家庭は日中のモデルは母親だけですし、生活も単調でトイレに行かねばならない必然性が見えにくく、さらにトイレはおとな向きにつくられていて子どもには使いにくいのですから、トイレ嫌いになっても仕方がないとも言えるのです。

トイレの自立に向けて家庭で取り組めることは、トイレに行くことの意味が見えやすい時間帯にトイレに誘うことです。散歩に出かける前や入浴の前など、トイレに行って排泄しておいたほうが楽しめそうな時間帯を選びます。また寝起きが排尿のグッドタイミングですから、寝起きのいい子ではここで排泄すると成功しやすくなります。「お父さんが行くから一緒にトイレに行こう」と誘い、モデルを示すのもいいかもしれません。そしてトイレを使いやすいものにすることも大切です。洋式トイレに補助便座を乗せても、子どもからしたら足のつかない高い位置で拘束されるため、恐怖感につながりやすくなります。足を乗せられる踏み台を置くだけでも安心感が違います。しばらく便座に座っているためには楽しみも必要です。トイレのドアに好きなキャラクターのポスターを貼る、閉塞感を嫌う子にはしばらくは戸を半開きにしておくといった配慮も必要です。トイレでの排泄を急ぐあまりにトイレ嫌いを生まないということが大切です。トイレ嫌いを修正するほうがエネルギーを要するからです。生活の見通しが持てるようになる二歳後半から取り組んでも、決して遅くはありません。仲間に目が向けばトイレにも自分から行けるようになるのですから。

Ｑ７　指しゃぶりがひどいのですが、欲求不満でしょうか?

Ａ７　一、二歳児は指しゃぶりが「マイブーム」の時期です。気にしないでください。すべての子どもが指しゃぶりをするわけではありませんが、親が強く気にし始めるのは、歯科検診で「指しゃぶりをやめさせないと歯並びが悪くなる」と言われてからです。しかしこの時期の指しゃぶりは一過性で、通常、三歳頃には頻度が減ってくるので歯並びには影響しません。

この時期に指しゃぶりをよくする子どもには二つのタイプがあります。第一は少し不器用な子どもです。一歳後半以降子どもは両手を用いて道具を使いこなしていきますが、両手を使いたいのに上手に使いこなせない子どもは、片手を口に入れてしまうのです。指しゃぶりは手持ち無沙汰の証明と考えて、両手を必要とするままごと道具やブロックなどのおもちゃで一緒にあそんでいると、手を口に入れる頻度は減っていきます。

第二のタイプは変化に敏感な子どもです。遠くで変な音がした、今日は知らない人がいるなど、生活のちょっとした変化に気付き不安になって指をしゃぶるのです。母乳を吸って安心する子よりは少しお姉さんになっていて、母親に直接安心を求めるのでなく一人で健気に耐えようとしているのです。タオルをしゃぶるのも同じような心理です。「アンテナのセンサーの細かい賢い子だね」と親には話しています。予測される生活の変化については予め伝えておく、指よりはタオルをしゃぶるほうが親は安心ならばタオルを渡す、安心できるお守りになるキャラクターを持たせるなども効果的です。三歳頃には指しゃぶりを卒業していきますが、それは生活が見通せることによる安心感が作用しています。

いずれのタイプでも、叱っていても問題は解決しません。かえって不安を拡大し指しゃぶりに頼り続けることになります。就寝時の指しゃぶりは甘えの現われです。指をしゃぶっていたって気にする必要はありません。軽く背中を叩く、手足をマッサージするなど、スキンシップを通して安心感を保障することが大切です。

おもちゃであそぶことが少なく、おもちゃを口に入れる、手を口に入れるといった状態が日中続く場合は発達の遅れが想定されます。手を外の世界に向けて使う機会を増やすことが必要です。療育の場では、ブランコや滑り台などで体のバランスを保つために手を使う、紙をちぎる、紐を引くなど素材に直接働きかけて変化を楽しむといったあそびを工夫します。世界に積極的に働きかける喜びを子どもには感じてほしいですね。

Ｑ８　かんしゃくがひどくって……。

Ａ８　自分の意図を実現したい思いが強まるこの時期は、意に沿わない状況ではかんしゃくを起こしやすくなります。よくあるできごとです。

子どもがかんしゃくを起こす状況をふまえておきましょう。あそんでいるのに片付けさせられるとき、「イヤ」と拒否したのにトイレに連れて行かれたとき、公園から無理やり帰らされるときのように、自分のしたいことを中断させられる場合にかんしゃくは起きます。親は「そろそろ食事だから」、「そろそろオシッコの出るころだから」と見計らって、子どもの行為を中断させるのですが、子どもはそうした見通しを持ち合わせていないために、一方的に理不尽にやめさせられると感じて全身の力を使って抗議するのです。

子どもの行為を区切るためには、子どもに次の行為が見通せるようにすることが必要になります。区切りが近づいたら、子どものあそびにおとなが参加し、子どもがおとなのことばや働きかけを受け入れやすい状況をつくりましょう。そして次にすることが理解しやすい手がかりを示します。もうすぐご飯だからおもちゃを片付けるという場合は、食事が理解しやすいように、テーブルをふく布巾を提示するという具合です。片付けも親がするのを手伝ってもらうという感じにしたほうが、子どもは興味を持ちます。おとなのすることを取り入れていく時期だからです。家では片づけをしないのに「親子教室」では片づけを喜んでするのも、片付けた後に楽しいプログラムが待っていることがわかるからですし、スタッフが片づけを手伝う子どもに「ありがとう」を連発するからです。急な中断、一方的な中断にならないように、ことばだけでない見通しを保障しましょう。

危ない物や危ない場所に近づく場合は、かんしゃくを起こそうが止めねばなりません。スーパーのお菓子売り場で泣かれるのは困りますよね。子どもは他に注意を向けることがなければお菓子などにこだわります。買った商品をマイバスケットに入れて運ばせるなどすることを用意し、こだわる機会を減らすようにしてみましょう。

かんしゃくを起こすと、壁や床に頭を打ち付けるといった激しい行動を示す子どももいます。こだわりが強く、見通しも持ちにくい子たちです。親としてはたまりませんよね。抱いて落ち着かせるのも一つですが、そうすると噛まれたりして親も腹が立ってつい叩いたりしてしまいます。家庭では子どもだけ静かな部屋に入れて落ち着くのを待つのも一つです。私は子ども時代パニックになると、泣きわめきながら押入れで布団を叩いたり噛んだりして落ち着きを取り戻していました。「親子教室」ではかんしゃくを起こした子と一緒に壁や床を叩いて、子どもの腹立ちを「ヤダヨネ」と言語化します。そうするとアレッというように私の顔を見てかんしゃくを中断する子がいます。同じ動作をすることで気持ちが通じやすくなるようです。子どものかんしゃくにイライラするよりは、療育を活用してこだわりを軽減したり生活の見通しを形成し、言語理解力を高めるほうが親子共に幸せだと思います。

Ｑ９　スーパーでじっとしていないし、すぐに行方不明になるんです……。

Ａ９　落ち着きのないエネルギッシュな子どもですね。することがないとエネルギーが空回りしやすいので、することをつくりましょう。

多動な子どもはエネルギー水準が高く、することを求めています。何もしないで待つことが一番苦手です。何もすることがないと、することを求めて走り、興味を持った物を取り出しあそび出してしまいます。魚のパックを指で押す、おもちゃ売り場の自動車を床に並べる、エスカレーターに何回も乗る、自動車を見つけて駐車場に飛び出すなど危険なときもあります。カートにおとなしく座っていてはくれませんから、あらかじめすることを用意しておきましょう。マイバッグを持たせて、買う物をバッグに入れて運ばせるだけでも少しは落ち着きます。お父さんと買い物に出かける場合は、子どもとゲームコーナーであそんでもいいのですが、母親だけで来るときには危険なので、一、二歳の時期はお父さんもバッグを持ち、家族でイッショに買い物をしているという演出をしたほうがよいでしょう。

落ち着きがない場合には、動くエネルギーを生産的な形で満たすことも必要です。体を使うサーキットあそびや散歩、家庭ではブランコや小型トランポリンであそび、学童期にはスポーツを楽しめるといいですね。仲間と一緒に活動すると自分のペースを越えて頑張るため、適度に疲れて落ち着くことも出てきます。

見通しが持てないと落ち着かなくなる子もいます。することが見えない不安から動いてしまいます。「親子教室」でふらふらしていた子が、見通しを持つようになると、保育士の動きの一つ先を読んで、保育士の使う道具を使おうとするようになります。自分が好きな活動を選んではいますが、ぐっと落ち着いて見えます。ことばでよりは、保育士の使う道具という「物」を支えにして見通しを形成していきます。物が手がかりになるのです。こうした子では物を両手に持つほうが落ち着きます。することがイメージしやすいことと、物に気持ちが向いていることで動きが抑制されているからでしょう。保育士の取り組みが魅力的だから見通しになり、落ち着いてくるのです。多動がきつい場合は療育を活用し、子どものエネルギーを生かす機会を保障したいものです。

Q10　友達を噛んだり突き飛ばしてしまい、嫌われて困っています。

A10　ことばでけんかする力がつくまでは力ずくの行為がメインになります。少し時間がかかることを覚悟した上で、噛む、突き飛ばす原因をふまえて取り組みましょう。

一歳後半以降の子どもは、自分の意図を実現したい思いを持っていますが、その意図は相手の意図によってより強く意識されます。自分の使っている物を取ろうとする子がいると、使っている物が光り輝いて見えてきて腹立ちが増すのです。さっきまで使っていた物も同様です。手を出してくる子がいると急に光を増し渡したくなくなります。取った子を噛む、近づいてきた子を突き飛ばすといった行為に走ります。叱る前に「いやだったんだ」と噛んだ子の気持ちを代弁し、「噛むと痛いよ、イヤって言おうね」と保育士は指導します。噛まれた子にも「痛かったね、今度からカシテって言おうね」と指導するのですが、親同士ではこうはいきません。噛んだ子の親が噛まれた子の親にひたすら謝ることになります。噛む子、噛まれる子は固定しやすく、「お互い様」にはなりにくいからです。

ことばでのやりとりがスムーズになるまでの時期、子どもは力ずくになりやすいのですが、その中でも、噛み付く、突き飛ばすといった乱暴な行為をしやすいタイプは四通りあります。第一は神経が興奮しやすいいわゆる気の短いタイプです。第二はこだわりが強く、こだわっている物を他児に触れられることが許せないタイプです。そして第三は過敏なために他児が近づくことが自分の領域を侵すように感じるタイプです。そして第四はことばでのコミュニケーションの力がつきにくいために直接行動での表現が長引く子達です。

第一のタイプは、他児に関心があり、物の取り合いだけでなく積極的にかかわりを求めますが、その際も神経が興奮してしまうため、いきなりハグして押し倒すなど乱暴なかかわり方になってしまいがちです。片付けなどあそびが中断する場面では、より他児に攻撃性が向かいやすくなります。本来はひょうきんで人気者になりうる資質を持っているのに、力があり余り一方的なかかわりになってしまいます。興奮しやすい面は体を使う活動でしっかりと発揮し、他児とトラブルになりやすい場面では「○○くん、机を運ぶのを手伝って」とリーダーとしての役割を果たしてもらうなど、よさを生かし、気持ちを落ち着かせていきます。就園までに短期間療育を体験するだけで落ち着きが違ってきます。

第二のタイプでは、こだわりを軽くすることが基本です。世界が狭いから「これでないと」という気持ちが強くなります。関心が広がると「まあいいか」と譲る姿が出てきます。あそびの幅を広げることが大切です。家庭ではあそびを広げるきっかけが見つけにくいのですが、療育の場では、体の感覚の幅を広げる散歩、水あそび、ブランコやトランポリン、ボールプール、パラバルーン、シーツブランコなどの活動や、紙破り、描画、シール貼り、スタンプ押し、小麦粉粘土、スライムなどさまざまな素材と出会う活動に取り組み、関心の幅を広げています。

第三のタイプは過敏でも賢い子が多いため、集団場面で安心できることを実感すると、ことばで気持ちを表現し落ち着いていきます。自由あそびではなるべく本人の縄張りを保障し、安心してあそべるようにします。課題は保育士の行動を見てすべきことを理解できるため、確実に成果をあげることができ気持ちにゆとりが出てきます。すると自由あそびでも、他児との距離が縮むようになります。こういう子どもの中にアスペルガー障害と診断される子も含まれます。就園前に小集団での安心感を体験し、気持ちをことばにすることを学んでいると、就園後のしんどさが違うのではないかと思っています。二歳前に二語文が出ているため、自主的な子育てグループやお稽古事でのトラブルがなければ「親子教室」に通う機会がない子どもたちですが、「親子教室」のような小集団での「よき体験」が求められる子どもです。

第四は、知的な発達に少し遅れのある子どもで、一歳児の時期には噛み付きよりは「何でも口に入れる」姿が目立つ子どもです。二歳過ぎてきて、自分の意図ができ始めると、気に食わないことがあれば親を噛むようになり、その後に仲間への噛み付きが始まります。「親子教室」後の場で見られる問題ということになります。Ｑ１のことばの問題への答えのような多面的な取り組みが必要です。

Q11 兄弟げんかがひどくて困っています。

A11 「兄弟げんかは犬も食わない」と開き直りましょう。

一、二歳になると兄弟げんかが頻発し始めます。一、二歳児は親や兄姉のしていることを積極的に取り入れる時期です。兄や姉の使っているおもちゃや画用紙がとても魅力的に見え手を出すと、兄や姉は怒るのですがそれで引っ込む一、二歳児ではありません。しつこいので兄姉は叩いて泣かせてしまい親に叱られることになります。この時期の兄弟げんかは一種の宿命なので割り切るしかありません。あまりにひどくて兄が弟の首を絞めたり、お腹を蹴ったりしたらレフェリーストップです。そうでなければ放っておけば、そのうちクールダウンします。兄姉は家ではあそびを邪魔する存在として弟妹を邪険に扱っていても、外では弟妹を守る優しい兄姉であることのほうが多いものです。おもちゃの取り合いでのけんかは日常茶飯事ですから、危険がなければ放置してください。

それよりも注意すべきは弟妹へのやきもちからのいじめです。親はどうしても幼いほうの子をかばいがちですし、いつまでも甘やかしがちです。兄姉が四、五歳になると、家族の中の自分の位置を意識するようになり、「お母さんは自分よりも妹をかわいがっている」と思うと、たいした理由もないのに下の子に対して暴力行為や暴言を続けるようになり、兄弟関係が悪化します。「どの子もかわいい」と思っていても、子どもに伝わらなければ意味がありません。一対一で接する機会をつくることや、子どもが甘えたい帰宅時や就寝時に上の子にもスキンシップをはかるなど、かわいいという思いを具体的に伝える努力が必要です。特に兄弟に障害がある場合は、障害のない兄弟は親の大変さを感じるだけに、自分の気持ちを表現することを我慢しがちになります。素直に甘えられる時間を大切にしましょう。

2　保育所の障害児保育にかかわって

現在では保育所に障害児が入所することが当たり前のことになり、以前よりは保育士からの相談は減少しました。どちらかと言うと、障害と診断されていない「いわゆる発達障害」の子どものことを悩む保育士が多いようです。

なぜなら一、二歳の発達段階にある障害児の場合は、保育所に入る前に診断を受けていることが多く、子どもの状態に関するアドバイスを専門機関で受けることも可能ですし、入所前に療育施設で同じような立場の親と出会い相談できる仲間を得ていることで安心できるからです。一、二歳の発達段階の障害児で「問題」が多いのは、一人親家庭やフルタイムの共働き家庭です。長時間保育が必要なのに、そのために特別な体制をとりうるだけの補助金や加配体制になっていないこと、他の障害児家庭と出会う機会が少なく孤立しやすいことが、トラブルにつながりうるからです。保育所の問題というよりは自治体のシステムの問題と言えそうです。

Ｑ１　給食が食べられなくて困っています。

Ａ１　保育所が居場所になれば食べるようになります。まずは居場所づくりに取り組みましょう。

障害の有無にかかわらず、誰でも安心できない場所では食欲もあそびへの積極的な要求も出にくくなります。保育園の中に居場所をつくり、居場所を拠点にして保育室に居場所を拡大し、給食を食べたくなる環境にしましょう。

まずは子どもが落ち着ける場所を探しましょう。保育室は子どもの数が多くて刺激が強すぎ安心できない場合は、職員室を居場所にするのが無難です。誰か職員がいて安全を確認できること、子どもたちがあまり来ないので落ち着けること、子どもの好きなパソコンや電話、ソファーなど家庭にもあるツールがあり安心できることが理由です。あそべる対象が少ないことが難点なので、あそぶことができそうであれば、誰も使っていない遊戯室を活用するといいでしょう。どんなあそびが好きかを確認できます。クラスがざわついている時間帯は静かな場所を居場所として活用し、クラスが落ち着いてくれれば、保育士と共にクラスに参加します。給食はクラスの子どもたちと共にする活動なので、クラスの仲間に目が向けばクラスで共にできるようになります。この段階の子どもはおとなを支えにしているため、保育士と一緒であれば給食にも参加できることが多いのですが、いやがるようならばしばらくは保育士と二人でみんなが見えるテラスなどで食べてもいいのです。みんなに目が向く秋にはクラスで食べるようになりますから。

偏食については、1のQ3を参照してください。みんなに目が向けば少しずつ食べられる献立が増えます。家庭では食べるのに保育所では食べられないというときは、味の問題もありますが、それだけではなく、食器や配膳方法などちょっとした環境の違いが、本人にとっては大きな違いとなっていることが想定されます。以前かかわった子どもは、料理の過程が見えないことが不安につながっていました。クッキング保育の日には食べることができたことで、彼の困り方が理解でき、給食室と協力して完成前の状態を見せることで少しずつ食べられる献立が増えていきました。

Q2　クラスの子とあそべません。

A2　この発達段階の子どもはまずはおとなである保育士との関係を築くことが大切で

す。

おとなとの関係ができれば、保育士を支えにして、騒がしい保育室でも短時間であれば過ごせるようになります。保育士との関係づくりは、子どもの好きな活動を共有することで始まります。砂をすくいこぼす、園庭を走り回るといった単純なあそびも、保育士が共有することで楽しさが広がります。水を張ったバケツの中に砂をこぼす、スコップやスプーンを用いてこぼす砂の量に変化をつくる、砂場のへりに砂を順にこぼして並べていく、いろいろなパターンで楽しめます。水を混ぜればもっとあそびは広がります。仲間が多数来ると、保育士との関係が中断されやすくなり不安になるので、少人数で楽しめるように保育士間で調整したほうがよいでしょう。走り回ることも「マテマテー」と追いかける、追いかけてつかまえて振り回したりくすぐったりする、追い抜いて振り向いて抱きしめるなど関係を楽しむ楽しみ方は多様です。楽しめてきたらクラスの子も二、三人誘って、楽しさを膨らませることもできます。誰もいない遊戯室でおもちゃを用いてあそんでもよいのです。

四月から六月くらいまでの期間は、一人体制の場合は自由あそびの時間帯に担任が、加配の保育士がついている場合は課業の時間帯にも、こうして関係を築き、この関係を支えにして少しずつ保育室で過ごす時間を延ばしていきます。

保育室には障害児が好きな教材のコーナーを設置し、みんなの活動には参加しなくてもクラスの雰囲気を浴びることに慣れていきましょう。

　みんなの中に入るには、保育士との関係を支えにしつつも、子ども自身が参加したくなる活動が必要です。クラスの活動は、障害児からすれば難しい活動なのですから、参加したくなくて当然とも言えます。「難しい」と感じるのでなく「楽しい」と感じうる活動とはどのようなものかを検討してください。保育所のどのクラスでも取り組む散歩、リズム、水あそび、描画などは、各自が自分のレベルで楽しめる活動です。障害児の好きな活動をクラスの活動に位置づけることも大切です。自分の好きなことを大切にしてくれるのが仲間だからです。換気扇や扇風機、クーラーのファンなど回る物にこだわっていた子の担任は、彼がぐるぐる回ることを生かして「扇風機ゴッコ」と名づけてクラスで取り組みました。ぐるぐる回っても平気な障害児に「スゴイ」と賞賛する仲間たち。自由あそびの際にファンの前にいることが次第に減り、仲間と共にブロックなどであそぶ姿が増えました。

　障害児を含めた仲間づくりは、友達を好きになるための基本を思い起こさせてくれます。自分の関心に気持ちを向け受け止め認めてくれる人が友達なのです。

Ｑ３　イスに座っていられる時間が短くすぐに動き出すので、周りの子も影響されて困っています。

Ａ３　何のためかわからずにただ座らされて待たされるのはおとなだっていやですよね。子どもが保育士に集中するためには、集中しやすい環境が必要です。すぐそばにザリガニの飼育箱があったり、自分の好きな自動車が目に入ったりすれば気は逸れてしまいます。保育士に集中しやすいように、おもちゃコーナーにはカバーをかけて目に入りにくくすることも必要でしょう。手に何も持っていないと物を求めて動きたくなるので、保育士が話している間を待てるように「当番カード」「○○ちゃんの必殺お守り」を持たせておくこともいいでしょう。自由あそびのときに保育士がじっくりとあそんで、子どものこころが保育士に向きやすくしておくことも必要です。

しかし本質的に大切なことは、障害児が関心を持てる教材なのか活動なのかということです。障害児も自分なりの参加の仕方で楽しめる活動であれば、一定時間は参加できます。障害児なりの参加方法を予め考えておきましょう。この活動は集中ができにくいがクラスの活動として取り組みたいというときは、最初から「今日は○○ちゃんは、□組にお手伝いに行くよ」「今日は○○先生と畑のお世話をしてもらうね」とクラスの子にも本人にも伝えて無理をしないことです。一、二歳の発達の障害児の場合、クラスの子も「そうなんだ」とあまり疑問には思いません。クラスの活動には参加しないけれど、保育所の一員として過ごしているということを本人にもクラスの子にも伝えたいものです。

Q４　クラスの子どもたちを噛み付いて困っています。

Ａ４　いつどんなときにしていますか？　観察してみましょう。

子どもとのトラブルは、仲間の中に入ることで増えてきます。障害児の場合、ことばで気持ちを表現することに困難があり、どうしても噛み付きや押し倒しなどが発生しやすくなります。仲間とのおもちゃの取り合いは理解しやすいのですが、仲間が何も悪さをしていないのに噛み付いたり叩いたりすると、「どうして？」と保育士は不安になります。障害児にたずねても答えてはくれません。そんなときは複数の目で子どもを観察してみましょう。噛む時間帯や噛む状況が見えてきます。

噛み付きが発生しやすい時間帯は、保育士がバタバタしている時間帯です。保育士を支えにして行動している障害児にとって、保育士があわただしく動いている状態は不安と神経興奮を高めてしまいます。「これ以上はもうダメ」という状態で目の前にいる子を噛みます。給食の片付けやトイレ誘導など、日課の区切り目が危険時間です。障害児の不安を軽減するために、あらかじめ障害児をお気に入りのコーナーに誘導し、集中してあそべるようにするだけでも違います。

自由あそびの時間帯でも、子どもの人気スポットが混雑している場合はトラブルが発生しやすくなります。自分のしたいことを妨げられるとより強く自分の意図を実感するため、周りに攻撃性が向いてしまいます。子どもの人気スポットは、保育士間で調整して無駄な激突は避けるようにします。どの子も好きなものでじっくりとあそび込みたいのですから。

年長クラスの障害児が後半期に急に乱暴になることがあります。「クラスに溶け込みいろいろなことに挑戦していたのに」と保育士は不安になります。年長の後半期はクラスでの取り組み課題が増え、周りの子どもたちはグッと成長します。これまで何とか参加していた活動も急に高度になり、障害児からすると「難しい」「やれない」マイナスな活動になってしまいます。日課の区切りなど、保育士の気持ちが障害児から離れた時間帯に、一歳児や二歳児を噛む、階段から突き落とすなどの危険行為に走ることがあります。自分を生かせる活動、自分が認められる活動を求めている姿です。低年齢クラスのお手伝いや、低年齢の障害児の世話など力を生かす場面とともに、クラスでの当番などクラスの仲間から認められる場面も必要です。

こうして障害児が必要以上に乱暴な行為をしなくてもいい保育を目指してください。さて障害児の乱暴な行動に取り組むとき、大切なことはクラスの子どもたちへの指導です。「障害児なのだから仕方がない」と子どもたちに我慢をさせては、クラスの雰囲気は悪くなります。いやなことを「イヤ」と言えない状況では、子どもたちのいやな思いがくすぶって、陰で障害児の悪口を言う、いじめるなど「問題」がアングラ化していきます。わけもわからず噛まれたら誰だっていやな思いを感じるものです。「○○ちゃんに噛まれた！」と保育士に率直に言えることが大切です。その上で「なぜ噛んだのか」「どうしたらイヤだということが障害児に伝わるか」をクラスで考えることが、障害児理解を深める上でも、クラスに起きた問題を解決する方法を教える上でも基本です。保育士の障害児理解の水準が問われます。「何もしてないのになぜ噛んだのかなぁ」という保育士の問いに「みんながなかなかそろわなくて待ちくたびれて怒ったんじゃない？」「みんなが団子になったから窮屈だったんだよ」と子どもたちなりに考えてくれます。「そしたらどうしたらいいかなあ？」という投げかけにも、「グループで順番を決めればいい」などと答えてくれたりします。保育士も保育士なりの仮説を「先生はこうしようかなと思ってるの」と伝えた上で、「でも噛まれるとやっぱりやだよね。いやなことされたときはどうしたらいい？」と、いやだという思いを表現してもいいこと、伝え方をみなで工夫することをクラスで確認します。安心して思いを語りうるクラスであることが、障害児のこころの安定にもつながっていくのではないでしょうか。

Ｑ５　父母とのかかわりで困っています。

Ａ５　父母の生活の現実をふまえ、父母の「わが子が大切」という思いを尊重し、ていねいに対応しましょう。

すでに診断がつき「障害児」として保育所に入所している子に関しての相談は減っており、就学先をどう選ぶかといったことに限定されてきています。保育所に入所する前に療育の場を利用している場合は、学校見学の手順について療育機関にサポートしてもらえます。名古屋市では「公立保育園父母の会・障害児部会」が先輩父母の話を聞く会を開催しており、会に参加し先輩と交流することで父母も安心できるようです。

最近多いのは、診断がついていない子どもの相談です。就労のために保育所を利用している場合、二歳前後で集団生活における「問題」が目立ち始め、保育者が心配になるケースが増えています。就労している母親が増える傾向にあるため、今後、より増加すると思われます。保育士は「早く診断してもらう」ことを考えますが、あせると親との間に軋轢が生じます。保育所に入所している子どもの場合、障害の診断を受けたいと願っている親はほとんどいないと言ってよいでしょう。「診断を受けること」が、子どもにとっても親にとってもいいこと、意味のあることと感じられなければ、積極的な行動にはなりにくいのです。日本の職場の現状では、我が子に障害があったら「働き続けられないかもしれない」と母親が感じざるを得ない場合が多く、特に仕事が生きがいになっていたり、母親の収入がないと生活が成り立ちにくい場合には、「我が子に障害がある」などとは思いたくない心理が強く働きます。まずは、父母の職場や仕事の条件に目を向けて、子どもに障害があるとわかっても、父母が安心して働くことのできる条件を確保することが大切です。自治体の障害児支援施策の実情を把握するのは園長の役割です。保健師、児童相談所、発達支援センターや発達支援事業などの療育の場と日ごろから連携しておくことが大切です。

三歳以降に入所した場合も集団生活のトラブルが目立つ子どもがいて、保育士は診断を求める気持ちになります。健診の事後フォロー体制が整い「親子教室」が運営されている自治体の場合、保健師は「問題を出しそうな子ども」はほぼ把握しています。保育所に入る前に診断を受けるように保健師は支援していますし、診断を受けない場合も入所後の保健師の支援を受け入れている家庭については、受診については、保健師と協力して検討していけばよいのです。入所後に保育士が一番困るのは、保健師の支援を受け入れにくかった親です。我が子の状態を受け止めるのに時間がかかる親なのだということが言えます。あせらずに親のペースを尊重していく必要があると思ってください。

いずれにしてもなぜ診断を求めるのかを職員で考え合うことが大切です。子どもにとっても親にとっても意味のある診断にならなければ、単なるレッテル貼りに終わるからです。

保育士が診断を求めたくなる理由の一つとして、診断がつけば加配保育士の配置が可能になるということがあります。この場合、保育士は子どもをていねいに保育できると思いますが、親の中には自分の子だけを別の保育士が見るのかと誤解する人もいます。小学校の副担任のようなものとして理解してもらえれば、副担任が必要なのは自分の子だけではないはずなのですが、副担任のために我が子に障害のレッテルを貼ることは納得できにくいのです。一方、障害の診断を受けて加配がついた場合は、我が子に専任でつくべきだと思うのも親心です。親と保育士とが同じ視点に立つことは簡単ではないことをふまえておきましょう。

保育士が診断を求める理由の第二は、子どもをより理解できるという期待です。しかし医師や心理士が子どもを見るのは個別の場で、集団場面ではありません。個別の場で心理検査を実施すれば、落ち着いた一対一の場での子どもの力の発揮の仕方や、子どもの発達プロフィールはある程度あきらかにできます。集団場面での問題が発達の偏りから出ているということが理解できると、「自分のせいではなかった」と少しホッとします。偏りがあるとわかると落ち込みを引き上げたい、障害に合わせた取り組みをしたいと思いがちです。子どもにとって大切なことは、保育室に居場所があること、保育士が自分の気持ちをわかってくれると安心できること、そして仲間に認められることです。こうしたことは診断がなければ取り組めないことでしょうか。振り返ってみましょう。

保育がしんどくなると、だれかに助けてもらいたくなります。まずは職員集団で、子どもが好きなことや場所、子どもがみんなに認められる活動、集団内で取り組めそうな当番などを考え合い、保育そのものを楽しく発展させることです。担任が疲れていたら、主任が応援に入り、子どもの状態をよく観察し実践の手がかりを探すことです。外の機関に支援を求める際もまずは親の抵抗が少ない保健師に求め、保健師と協力して親への対応を検討しましょう。就学先を考える際に診断がついていたほうがよりよい選択ができるので、できれば年長の夏くらいまでにはといった見通しを持って、親との信頼関係を築きたいものです。子どものことをしっかりと理解し、よさを伸ばしてくれている担任、子育ての相談に気軽にのってくれる園長、信頼関係があれば、我が子の「しんどさ」についても見つめやすくなってきます。

Q６　他児や他児の親とのトラブルをどう解決したらよいのでしょうか？

Ａ６　職員集団で考え合って、子どもたちに楽しい生活を保障することで、親の間のトラブルは減らしていくことができます。

障害が診断されている場合は、親が了解してくれれば、クラス懇談会で親から我が子の障害のこと、みんなに理解してほしいことを語ってもらえると、周りの父母の障害児を見る目が温かくなります。

診断を受けていない子どもが起こす集団生活におけるトラブルへの対応には、いくつかの配慮が必要です。子ども同士のトラブルはどんなクラスでも発生するのですから、新学期には年齢に即して「どのようなトラブルが発生しやすいのか」、「トラブルが発生した場合の基本的な対応」についてあらかじめ親に伝えましょう。けがをさせたような場合は、その日のうちに、けがをした子の親に保育士の対応に関して伝えましょう。大きなけがの場合はけがをさせた子どもの親にも伝える必要があります。

保育士が日ごろから子どもの言い分に耳を傾けていると、トラブルがあっても子どもには楽しい思いのほうが残るため、家庭ではあまり問題になりません。子どもがあそび込めていない、自分のよさを受け止めてもらっていないという場合に、園生活の不満が家庭で語られ、子ども同士のトラブルがおとなを巻き込み大ごとになっていくのです。集団でのトラブルを子どもたちと語り考え合っていると、子どもたちの中に「叩くこともあるけど、魚のお世話をよくしている優しい子だよ」などという多面的な理解が成立するため、マイナス面だけが語られることは減少します。

担任がいない状況のもと、親たちの目の前で問題が発生した場合が最もトラブルになりやすいと言えるでしょう。見ていなかったことをお詫びし、状況を教えてもらいますが、日ごろから子どもの状況を伝え、親とのコミュニケーションがとれていれば、保育士を信頼してもらえるものです。そうした努力をしているのにもかかわらず、トラブルを引きずる場合は、親の思いや生活に、耳を傾けるべき問題が隠れていることも想定する必要があります。園長が対応すべきでしょう。

子どもの問題にしても親との関係のトラブルにしても、大変なときは担任任せにせず、園集団で話し合い、必要であれば保健師や福祉事務所、児童相談所などと連携し、肩の荷を軽くしてください。障害に関しても虐待問題に関しても、地域の関係者で学習し話し合い、大変なケースはケース検討し、連携の質を高めてください。子どもにかかわる関係者がお互いの仕事を理解し合い、親子を支える取り組みを充実させることが、子育て支援の基本ですから。

【参考文献】


近藤直子、一九九五、『ぐんぐん伸びろ発達の芽』、全障研出版部。

近藤直子、二〇〇五、『楽しくのんびりみんなで子育て』、全障研出版部。

近藤直子・全国発達支援通園事業連絡協議会編、二〇一〇、『笑顔が広がる子育て支援と療育』、クリエイツかもがわ。

おわりに

どうでしたか?　少しはお役に立てたでしょうか?

私が大学のホームページ上で公表している研究テーマは、「一歳児の自我の発達」「人間発達の本質の検討」そして「障害の早期発見・早期対応・早期療育システムの検討」の三点です。そのうちの「人間発達の本質」に関しては、夫の病と死に向き合いながら、自分のこころのストーリーも見つめなおし、『続　発達の芽をみつめて～かけがえのない「心のストーリー」』(全障研出版部)として二〇〇九年に出版し区切りをつけました。今回のこの本で「一歳児の自我の発達」に区切りをつけたことになります。正直ホッとしています。研究書としても一般書としても中途半端な内容かもしれませんが、子育て支援センターや保健センター、保育所や療育機関で働いている方たちにも、そして若い研究者にも読んでほしいという思いでこのような形にしました。

「障害の早期発見・早期対応・早期療育システムの検討」に関しては、現在、障害乳幼児の保育・療育制度が大きく変わろうとしており、これから一山、二山を越えなくてはならないと思っています。たぶん、このテーマをこれからしばらくは追って行くことになります。

一歳児の発達に関心を持ったのも、もともとは障害児とのかかわりからです。一九七一年に始めた療育ボランティア体験が、私の人生の「本当の出発」だったと思っています。就職して名古屋に転居した翌年には、一八ヵ月児健診が市町村事業として位置づけられたため、早速一九七八年四月から港保健所で、そして一九八六年度からは瑞穂保健所でも、発達相談を担当するようになりました。

一八ヵ月児健診にかかわり出した当初から、自閉症や知的障害、聴覚障害等の疑いのある子を発見し、専門機関に紹介する仕事を続けていますが、四〇年の間に障害児への早期対応・早期療育の体制は大きく発展してきました。一九七三年当時の大阪府下では、幼児が通うことのできる通園施設の数は少なく、一八ヵ月健診で障害を発見してもすぐに通うことができず、児童相談所がフォローしていました。名古屋でも、一九七八年当時は一歳児が通うことのできる場はなく、児童相談所に紹介しても「こんな小さい子はわからない」と保健所に返されてくるという状況でした。

その後一九八二年に二歳児も通園施設に通えるようになり、一、二歳児のための「療育グループ」も開始され、発達相談も一九八六年からは一部「親子教室」の形で運営されるようになり、そこから療育グループに紹介する仕組みになりました。現在は「親子教室」と個別相談の併用が名古屋方式となっています。名古屋市には父母と関係者の運動で四ヵ所の療育センターが設置され、グループ療育も通園療育も、医師の診断や相談、保育所や幼稚園へのアフターケアも一ヵ所で実施できるようになり、さらに五ヵ所目の計画が具体化し始めています。そうした経過の中で私の軸足は、一歳児の発達研究から障害乳幼児の早期発見・早期対応・早期療育の仕組みづくりに置き換わってきて、「全国発達支援通園事業連絡協議会（全通連）」の会長として、厚生労働省との懇談や療育成果の出版に取り組む日々になっています。最初のテーマを、人生の最後まで追うことができることは人生の幸せだと思います。

夫が亡くなったのは六一歳と一ヵ月でした。私の六一歳の誕生日に間に合うように形にしたいという思いで、副学長としてのあわただしい日々の中、出版社のあてもないままにまとめました。ひとなる書房さんが出してくださることになりこころから感謝しています。なお第5章の「Q&A」は、父母向けに活用してくだされば幸いです。

二〇一一年七月

近藤　直子

近藤　直子（こんどう　なおこ）

日本福祉大学子ども発達学部教授
全国発達支援通園事業連絡協議会会長

主な著書『“ステキ”をみつける保育・療育・子育て』
『保育者のためのテキスト　障害児保育』（編著）
『続　発達の芽をみつめて～かけがえのない「心のストーリー」』
『ぐんぐん伸びろ発達の芽』以上、全障研出版部
『障害のある人とそのきょうだいの物語』（編著）
『ていねいな子育てと保育――児童発達支援事業の療育』（編著）
『自分を好きになる力』以上、クリエイツかもがわ
『「育てにくい」と感じたら――親・保育者のための子育て応援BOOK』
『保育園っ子が20歳になるまで』（共著）以上、ひとなる書房

装画／おのでらえいこ
装幀／山田道弘
本文・扉イラスト／星野京子

1歳児のこころ――大人との関係の中で育つ自我

2011年 8 月11日　初版発行
2015年12月25日　三刷発行

著　者　近　藤　直　子
発行者　名古屋　研　一
発行所　ひとなる書房
東京都文京区本郷2-17-13
電話　03-3811-1372
FAX　03-3811-1383
E-mail:hitonaru@alles.or.jp

印刷・製本／中央精版印刷株式会社　＊落丁本・乱丁本はお取り替え致します。